NOTICE

SUR

LE DOCTORAT EN DROIT

PARIS, TYPOGRAPHIE RENOU ET MAULDE,
Rue de Rivoli, 144.

NOTICE

SUR LE

DOCTORAT EN DROIT

AVEC

UN TABLEAU DE L'ENSEIGNEMENT ET DES ÉTUDES

DANS LES NEUF FACULTÉS DE DROIT

ET UNE ANALYSE CHRONOLOGIQUE DES LOIS, STATUTS, DÉCRETS, RÈGLEMENTS ET CIRCULAIRES

RELATIFS A CET ENSEIGNEMENT, DE 1791 A 1857

SUIVIE DE

LA LISTE GÉNÉRALE DES DOCTEURS

Admis depuis 1806 jusqu'à 1857

ET DU CATALOGUE RAISONNÉ DES THÈSES SOUTENUES DE 1851 A 1857

PAR

A. DE FONTAINE DE RESBECQ

Sous-Chef du bureau du personnel de l'enseignement supérieur au Ministère de l'Instruction publique et des Cultes. Officier d'Académie.

PARIS

AUGUSTE DURAND, LIBRAIRE

RUE DES GRÈS, 7.

—

1857

INTRODUCTION.

La loi du 22 ventôse an XII (13 mars 1804), sur laquelle repose encore aujourd'hui tout le système de l'enseignement du droit, article 3, et le décret du 17 mars 1808 (titre III, article 16), ont créé et maintenu dans les Facultés de droit le grade de docteur.

En rappelant ici les noms des hommes distingués qui ont conquis ce grade, je n'avais eu d'abord l'intention que de traiter des règlements qui sont particuliers au doctorat; mais il m'a paru qu'il serait utile de donner un tableau de l'enseignement, des études et des règlements du droit. L'occasion n'est-elle pas d'ailleurs propice? Les destinées de cette université impériale de France, si éprouvée depuis le demi-siècle qu'elle va bientôt compter, sont aujourd'hui confiées à un grand et vénéré magistrat qui honore l'enseignement du droit d'une sollicitude particulière. Nos renseignements vont d'ailleurs naturellement avec la liste des noms de ceux qui ont obtenu le grade le plus élevé auquel les études juridiques conduisent. Ce n'est pas que cette liste de noms ne parle assez d'elle-même (1). J'aime à dire, au contraire, combien je me suis plu à les réunir; la plupart d'entre eux, ainsi qu'on le verra, rappellent des hommes qui ont eu ou qui ont encore un rôle considérable dans notre pays; plusieurs ont été ministres; il y en a qui siégent au Conseil d'État, au Sénat, à la Cour suprême, dans les tribunaux, à la Chambre élective; d'autres honorent également notre pays au barreau et dans les chaires de l'enseignement. Enfin, il n'est pas jusqu'à ceux qui, bien que venus les derniers, n'aient rappelé aussi à ma mé-

(1) M. Mourier, chef de bureau au ministère de l'Instruction publique, qui a publié, sur le doctorat ès-lettres et le doctorat ès-sciences, deux intéressantes notices dont l'une est à sa deuxième édition, a bien voulu m'encourager à faire le même travail pour le droit; mais je dois avouer que nous aurions pu l'un et l'autre trouver presque un modèle dans le livre d'Antoine Bruneau, avocat au parlement de Paris. Cet ouvrage, publié à Paris en 1686, chez Louis Billaine, offre en abbrégé (*sic*) l'institution et fondation des vingt universités de France *et les noms des Docteurs les plus connus dans le Droit civil et canon, leurs actions principales et leur mort.*

moire des succès récents sans doute, mais qui semblent protéger leur avenir. Je sentais alors qu'il n'y avait rien d'aride et de stérile dans cette suite de noms. Ma pensée s'est plu à se porter sur les œuvres dont ils font souvenir, et, rapprochant la date de la loi du 22 ventôse du jour de la promulgation du Code civil (1), je les voyais formant une glorieuse phalange qui, de 1804 jusqu'à nos jours, a véritablement escorté de ses travaux le Code immortel que Napoléon Ier nous a légué! « C'est au moment où la nation française (disait Fourcroy dans l'exposé des motifs de la loi de 1804) va jouir d'un code que la sagesse et les lumières lui ont préparé par les travaux les plus infatigables, qu'il est surtout utile de lui offrir les moyens d'étudier les lois, et de former pour leur défense des hommes capables d'en apprécier le mérite et d'en faire une sage application. »

Le vœu du législateur s'est réalisé : ce que le passé demandait à l'avenir a été accompli, des hommes d'une science profonde dans la connaissance des lois

---

(1) *31 mars 1804*. On sait que lorsque l'œuvre de notre législation moderne fut achevée, il intervint, indépendamment de la promulgation spéciale à chacune des lois composant le Code civil, une loi en date du 30 ventôse an XII, promulguée le 31 mars 1804, qui réunit les mêmes lois sous le titre de *Code civil des Français*.

ont été formés ; ils ne se trouvent pas tous ici assurément, mais on nous permettra de dire que les docteurs en droit sont leurs plus légitimes représentants.

Le relevé des réceptions a été fait sur les certificats d'aptitude déposés dans les bureaux de notre administration (1). J'ai cru, en souvenir de l'Université impériale, devoir ne pas omettre quelques certificats qui ont été délivrés par les trois Facultés étrangères qui ont appartenu à la France (de Bruxelles, de Coblentz et de Turin (2), d'ailleurs comprises dans les douze Facultés de droit instituées par la loi de ventôse. J'ai également donné le nom d'un docteur reçu à Pise (3).

Je n'ai pu donner, ainsi que je l'eusse désiré, les sujets des thèses soutenues par tous nos docteurs.

---

(1) Deux certificats d'aptitude envoyés par erreur aux archives m'ont été remis depuis l'achèvement de la liste donnée plus loin. Ces certificats sont ceux de M. Marchand (Armand-Marie-Louis), aujourd'hui conseiller d'État, admis par la Faculté de Paris le 20 décembre 1824, et de M. Sully-Brunet, admis par la même Faculté le 1er avril 1845.

(2) Le Piémont fut réuni au territoire français le 11 septembre 1802; il forma les départements du Pô (chef-lieu Alexandrie), de la Sezia (chef-lieu Verceil), et de la Doire (chef-lieu Ivrée). Coblentz (ville de la Prusse rhénane) a été, de 1796 à 1814, le chef-lieu du département de Rhin-et-Moselle.

(3) Le diplôme de docteur de la Faculté de droit de Pise, que j'ai mentionné à la page 14, es le seul dont j'aie trouvé le certificat d'apti-

Ce travail, pour lequel je n'avais que des renseignements trop incomplets, eût été par là assez peu intéressant. J'ai préféré ne commencer qu'à l'époque (1851) où il m'a été possible de fournir cette indication pour tous les docteurs. Les conclusions qu'on pourra tirer pour nos études juridiques du résultat des six années, seront, je crois, plus certaines que si j'avais entrepris, en commençant plus tôt, de fournir ce renseignement pour les uns sans pouvoir le donner pour les autres. J'ai mieux aimé rappeler par quelques notes ce qu'ont été ou ce que sont devenus un certain nombre de docteurs qui, ainsi qu'on le verra, ont à leur tête le jurisconsulte éminent (1) dont le nom est comme synonyme de la science du droit elle-même.

Ces courtes notes, que je n'appellerai pas assurément biographiques, m'ont cependant donné quelque

---

tude dans les cartons. Ce ne fut en effet qu'à partir de 1811 et 1812 que les grades de docteur en droit et en médecine de cette Faculté furent admis pour toute leur valeur. Un décret impérial en date du 29 novembre 1810 ayant statué que jusqu'au moment où le régime de l'Université impériale aurait été introduit dans cette académie, le diplôme de docteur ne serait admis en France que pour le grade immédiatement inférieur. Aux termes du décret, cette époque ne pouvait être reculée au delà du 1er janvier 1811. Pise possède une université importante créée au XVe siècle, et restaurée par les Médicis.

(1) M. Dupin, ancien président de nos assemblées législatives est le premier des docteurs reçus par la Faculté de droit de Paris, depuis 1804.

peine. J'aurais pu les multiplier si je n'avais tenu à les rendre très-exactes; mais cela eût demandé beaucoup plus de temps, et je ne voulais pas abuser de la complaisance de mon éditeur qui, pour me presser, a tenté quelquefois de me faire croire *qu'on lui demandait* cette notice (1).

(1) Je dois remercier ici mon éditeur, M. Durand, dont beaucoup de nos professeurs des Facultés et des lycées ont pu, comme moi, apprécier souvent l'obligeance parfaite : M. Durand, en consentant à se rendre éditeur de cette notice, m'a laissé, même pendant l'impression, tout le temps nécessaire pour la rendre aussi exacte que possible.

ENSEIGNEMENT DU DROIT.

Création de cet Enseignement et ses développements successifs.

Aux termes de la loi du 13 mars 1804, art. 2, on doit enseigner dans les écoles de droit (1) :

1° Le droit civil français, dans l'ordre établi par le Code civil, les éléments du droit naturel et des gens, et le droit romain dans ses rapports avec le droit français ;

2° Le droit public français et le droit civil dans ses rapports avec l'administration publique ;

3° La législation criminelle et la procédure criminelle et civile.

Le décret du 21 septembre 1804 (2) décida, en conséquence, art. 10, qu'il y aurait dans chaque école cinq professeurs :

Un qui enseignerait, tous les ans, les Institutes de Justinien et le droit romain ;

---

(1) Un des vœux exprimés par les législateurs qui discutèrent la loi de 1804 était qu'on enseignât le Concordat dans les écoles de droit : « On « enseignera, disait un membre, non plus le droit canon, le droit ecclé- « siastique qui, émanés d'une puissance étrangère, nous sont complète- « ment étrangers, mais, ajoutait-il, je crois qu'on ne peut se dispenser « d'y enseigner nos anciennes maximes sur les libertés de l'Église galli- « cane. »

(2) Ce décret et la loi précitée ont créé les professeurs suppléants appelés aujourd'hui agrégés.

Trois qui feraient chacun en trois ans un cours complet sur le Code civil des Français, de manière qu'il y ait un cours qui s'ouvrît chaque année (les professeurs chargés du cours de deuxième et troisième année devaient enseigner, avec le Code civil, le droit public français et le droit administratif; il n'est plus question dans le décret du droit naturel et des gens prescrit par la loi);

Un qui ferait un cours annuel de législation criminelle et de procédure criminelle et civile.

Le même décret porte, art. 9, que le nombre des professeurs pourra être augmenté par un décret, suivant l'importance et le succès que les écoles auront obtenus.

Nous allons retracer ici brièvement ces diverses créations.

Par un décret du 29 août 1809, une chaire spéciale de droit public français et une chaire de droit commercial furent créées dans la Faculté de droit de Paris. Ce furent les seules créations qu'ait ajoutées le premier empire à la loi de 1804.

Par ordonnance du 24 mars 1819, le nombre des étudiants ayant beaucoup augmenté dans la Faculté de droit de Paris, et les auditoires étant devenus insuffisants, l'école fut divisée en deux sections, et l'enseignement du droit reçut les développements jugés nécessaires.

Il y eut dans chaque section :

Trois professeurs de Code civil;

Un professeur des éléments du droit naturel, des éléments du droit des gens et du droit public général;

Un professeur des Institutes du droit romain;

Un professeur de procédure civile et criminelle et de législation criminelle.

Il y eut, en outre, dans l'une des sections :

Un professeur de Code de commerce ;

Et dans l'autre :

Trois professeurs : l'un de droit public positif et de droit administratif français ; le second, d'histoire philosophique du droit romain et du droit français ; le troisième, d'économie politique.

En tout *seize* professeurs, au lieu de *six* qui existaient sous le premier empire à Paris, et de *cinq* qui continuèrent à exister dans chaque école des départements.

Cette ordonnance du 24 mars 1819 fut contre-signée par M. le comte Decazes.

En 1822, sur le rapport de M. Corbière, le même jour que fut supprimée la grande École normale, une nouvelle ordonnance en date du 6 septembre réorganisa la Faculté de Paris.

L'école continua d'être divisée en deux sections ; mais il n'y eut plus dans chaque section que :

Un professeur des Institutes de Justinien ,

Trois professeurs de Code civil ,

Un professeur de procédure civile et criminelle ,

Et pour les deux sections :

Un professeur de Code de commerce,

Et un professeur de Pandectes.

En tout, douze chaires, au lieu de seize qui existaient en vertu de l'ordonnance de 1819. Les quatre chaires, ainsi supprimées par prétérition, furent celles de :

Droit naturel, droit des gens et droit public général ,

Droit administratif,

Histoire philosophique du droit,

Économie politique.

Le but de l'ordonnance était de ne faire enseigner aux élèves que des connaissances usuelles et positives.

Une chaire nouvelle était ajoutée, celle des Pandectes, afin, dit le préambule de l'ordonnance, de donner plus de développement à l'étude du droit romain, qui a servi de base aux codes français.

L'ordonnance du 26 mars 1829 a établi, dans la Faculté de Paris, la chaire de droit des gens et celle d'histoire du droit romain et du droit français.

Une autre ordonnance du 22 août 1834 créa dans cette Faculté une chaire du droit constitutionnel français. Cette chaire, qu'occupait M. Rossi, a été supprimée en 1848.

Le 12 décembre 1837, une ordonnance royale créa dans la Faculté de Paris une chaire de législation pénale comparée.

Une autre ordonnance du 25 juin 1840 a établi la chaire d'introduction générale à l'étude du droit.

Le 18 juin 1846, il intervint un arrêté disposant qu'à partir du 1er novembre suivant l'enseignement de la législation criminelle et de la procédure criminelle serait détachée de la chaire, alors vacante, par le décès de M. Berriat Saint-Prix, et serait remis à la chaire de droit criminel et de législation comparée.

Les Facultés des départements avaient été maintenues dans leur organisation primitive. Mais de 1822 à 1832 une chaire de droit commercial fut successivement établie dans chacune de ces Facultés. (En 1822, pour Toulouse; en 1823, pour Caen et Poitiers; en 1830, pour Strasbourg; en 1831, pour Dijon et Rennes; en 1832, pour Aix et Grenoble.)

De même, à partir de 1829, une chaire de droit administratif fut organisée dans chaque Faculté. (En 1829, pour Toulouse et Caen; en 1832, pour Poitiers; en 1838, pour toutes les autres Facultés.)

Chaque Faculté des départements comptait ainsi sept chaires :

Une de droit romain ,

Trois de Code civil,

Une de procédure civile et criminelle et de législation criminelle,

Une de droit commercial,

Une de droit administratif.

Et de plus, à Strasbourg, une chaire de droit des gens, créée en 1829;

A Toulouse, une chaire de droit criminel, qui a remplacé la chaire de droit public français qui avait été créée elle-même, en 1830, avec les fonds d'une chaire de Pandectes, établie dans cette Faculté par ordonnance du 28 septembre 1822.

Le 4 février 1853 parut l'arrêté portant que les chaires de Pandectes dans les Facultés de droit de l'Empire prendraient le titre de chaires de droit romain. (Le cours a lieu en deux années. Le même arrêté organise des conférences pour les docteurs.)

8 décembre 1854, création, dans la Faculté de Paris, d'une chaire d'Institutes de Justinien.

La création, en 1853, d'un deuxième cours de droit romain, depuis érigé en chaire dans certaines Facultés, fait que deux de ces établissements comptent huit chaires, et deux neuf.

Paris, qui est hors cadre, en a dix-huit.

En voici le tableau :

Tableau de l'enseignement dans chacune des Facultés.

Les neuf Facultés de droit, aujourd'hui existantes, sont établies dans les villes ci-après désignées : Paris, Aix, Caen, Dijon, Grenoble, Poitiers, Rennes, Strasbourg et Toulouse.

FACULTÉ DE DROIT DE PARIS.

Cours de première année.

Droit romain	2	chaires.
Code Napoléon	2	—
Introduction générale à l'étude du droit	1	—

Cours de deuxième année.

Droit romain	2	chaires.
Code Napoléon	2	—
Législation criminelle et procédure civile et criminelle	1	—
Droit criminel et législation pénale comparée	1	—
Procédure civile	1	—

Cours de troisième année.

Code Napoléon	2	chaires.
Code de commerce	1	—
Droit administratif	1	—

Cours de quatrième année.

Droit des gens	1	chaire.
Histoire du droit romain et du droit français	1	—

Conférences pour la préparation aux examens du Baccalauréat, de la Licence et du Doctorat (1).

---

(1) Ces conférences existent dans toutes les Facultés.

FACULTÉ DE DROIT D'AIX (1).

Code Napoléon	3 chaires.
Droit romain	1 —
Procédure civile	1 —
Code de commerce	1 —
Droit administratif	1 —
	7 chaires.

FACULTÉ DE DROIT DE CAEN.

Code Napoléon	3 chaires.
Droit romain	1 —
Procédure civile	1 —
Code de commerce	1 —
Droit administratif	1 —
	7 chaires.

FACULTÉ DE DROIT DE DIJON.

Code Napoléon	3 chaires.
Droit romain	2 —
Procédure civile et législation criminelle	1 —
Code de commerce	1 —
Droit administratif	1 —
	8 chaires.

FACULTÉ DE DROIT DE GRENOBLE.

Code Napoléon	3 chaires.
Droit romain	1 —
Procédure civile	1 —
Code de commerce	1 —
Droit administratif	1 —
	7 chaires.

(1) Je n'ai fait qu'indiquer ici le titre et le nombre des chaires des Facultés des départements, mais il est entendu que le service de l'enseignement y est distribué pour le plus grand intérêt des études autant que le nombre de chaires le permet, et par des cours complémentaires dont les agrégés peuvent être chargés en vue, dit l'ordonnance royale du 22 mars 1840, d'étendre l'enseignement sans accroître indéfiniment le nombre des professeurs.

FACULTÉ DE DROIT DE POITIERS.

Code Napoléon	3 chaires.
Droit romain.	1 —
Procédure civile	1 —
Code de commerce	1 —
Droit administratif	1 —
	7 chaires

FACULTÉ DE DROIT DE RENNES.

Code Napoléon.	3 chaires
Droit romain	2 —
Procédure civile et législation criminelle . .	1 —
Code de commerce.	1 —
Droit administratif	1 —
	8 chaires.

FACULTÉ DE DROIT DE STRASBOURG.

Code Napoléon.	3 chaires.
Droit romain	2 —
Procédure civile et législation criminelle . .	1 —
Code de commerce.	1 —
Droit administratif	1 —
Droit des gens	1 —
	9 chaires.

FACULTÉ DE DROIT DE TOULOUSE.

Code Napoléon	3 chaires.
Droit romain	2 —
Procédure civile	1 —
Droit criminel	1 —
Code de commerce	1 —
Droit administratif	1 —
	9 chaires.

Nomination des Professeurs.

Ainsi que nous l'avons dit, les Facultés de droit ont été instituées, sous le nom d'écoles de droit, par la loi du 13 mars 1804, conformément aux dispositions de cette loi, maintenues par l'article 11 du décret du 17 mars 1808 ; seulement, la dénomination de Facultés a été substituée à celle d'écoles de droit.

Autrefois, jusqu'en 1852, le personnel de ces Facultés se recrutait par la voie du concours établi par la loi précitée, tant pour les chaires vacantes que pour les places de suppléants ; mais, aux termes du décret du 9 mars de ladite année, et de celui du 22 août 1854, les nominations qui appartiennent à l'Empereur sont faites sur la proposition du ministre et d'après les présentations du Conseil académique et de celles de la Faculté où la vacance existe.

Les mêmes décrets autorisent la nomination d'un simple docteur ou d'un membre de l'Institut qui a fait, pendant six mois au moins, un cours dans un établissement de l'État ou un cours particulier dûment autorisé. Le décret du 22 août 1854 *dispose* en outre que, lorsqu'il y a lieu de pourvoir à une chaire vacante dans une des Facultés de Paris, les Facultés du même ordre dans les départements en reçoivent avis ; elles peuvent recommander au ministre la candidature d'un de leurs membres.

Aux termes du même décret, les suppléances, dans les Facultés, doivent être confiées par le Ministre à des agrégés des Facultés ou à des docteurs. Le statut du 20 décembre 1855, sur le concours d'agrégation, a reçu une première application au mois de novembre 1856 ; les agrégés nommés à la suite de ce concours occupent aujourd'hui les positions qu'ils ont conquises. (Voir, plus loin, le statut du 19 août 1857.)

Le personnel de chacune des neuf Facultés de droit se compose d'un doyen, des professeurs, des agrégés, d'un secrétaire agent comptable.

Conformément aux dispositions des décrets de 1804 et de 1808, le décanat n'était conféré à un professeur que pour trois ans; il était rééligible, et l'usage était de le maintenir; mais depuis le décret du 9 mars 1852, dont l'esprit rend ces sortes de délégations inutiles, les doyens conservent sans renouvellement de pouvoir des fonctions devenues amovibles. Le doyen est le chef de la Faculté; il est chargé, sous l'autorité du recteur, d'en diriger l'administration et d'assurer l'exécution des règlements. Il convoque et préside l'assemblée de la Faculté, formée de tous les professeurs titulaires.

Le décret du 9 mars 1852, qui a créé huit inspecteurs généraux pour l'enseignement supérieur, en attribue un à l'ordre du droit (1).

Tableau des Cours d'études dans les Facultés de droit.

Le cours des études est de trois ans. Les aspirants au doctorat font une année de plus, mais il faut faire obser-

(1) M. Laferrière, membre de l'Institut, ancien conseiller d'État, aujourd'hui inspecteur général de l'enseignement supérieur pour l'ordre de droit, est auteur d'un *Essai sur l'histoire du Droit français*, 2 vol in-8, d'une *Histoire des Principes, des Institutions et des Lois pendant la révolution de 1789 à 1804*, in-12, d'une *Histoire du Droit civil de Rome et du Droit français* (1846-1853), dont 4 vol. ont été publiés. *Cours théorique et pratique de Droit public et administratif*, 1854, 2 vol. in-8°.

ver qu'à raison de l'importance de ce grade, une année étant insuffisante, les études de doctorat durent, en fait, deux années.

Les étudiants subissent un examen la première année et un autre la deuxième; à la suite de ce dernier, ils obtiennent, après y avoir satisfait, le diplôme de bachelier en droit; les élèves de troisième année subissent le premier examen de licence (droit romain) en novembre (au commencement de la troisième année) ou dans le trimestre de janvier. Ils subissent le deuxième examen de licence (droit français) après la onzième inscription.

Les étudiants de quatrième année (aspirants au doctorat) subissent à la fin de cette année deux examens et un acte public. Le premier examen porte sur tout le droit romain; le second sur tout le droit français.

En dehors de ces grades de bachelier, de licencié et de docteur, les Facultés de droit confèrent, après un examen, un *certificat de capacité* aux étudiants qui ont suivi pendant une année le cours de Code Napoléon deuxième année, et celui de procédure civile et de législation criminelle. Ce certificat n'est utile qu'aux étudiants qui aspirent au titre d'avoué.

Les aspirants à ce certificat ne sont pas tenus de justifier du grade de bachelier ès-lettres, condition qui est formellement imposée à ceux qui prétendent à la licence.

Voici les conditions et la désignation des matières d'études imposées par les règlements aux élèves, pour parvenir aux divers grades ou certificat qui viennent d'être énumérés :

Toute année, d'études, suppose quatre inscriptions prises régulièrement à chaque trimestre, huit pour le baccalauréat, douze pour la licence, seize pour le doctorat.

PREMIÈRE ANNÉE DE BACCALAURÉAT.

Études : Droit romain; Code Napoléon; Histoire du droit (1).

Après cette première année, sur les certificats d'assiduité aux cours, les étudiants sont admis à un premier examen fait par trois professeurs ou suppléants.

Dans le premier examen de baccalauréat, les élèves en droit doivent répondre sur le premier et le dernier article du titre préliminaire, et sur les deux premiers livres du Code Napoléon, moins les deux premières sections du chapitre III, du titre IV du Ier livre; les deux premiers livres des Institutes de Justinien avec les développements donnés par le professeur, pour l'étude des textes additionnels pris dans les différentes parties du droit romain (Digeste, Code et Novelles).

DEUXIÈME ANNÉE DE BACCALAURÉAT.

Cours : Procédure civile; Législation criminelle; Code Napoléon (2e année); Droit romain (2e année).

Après la seconde année, en justifiant de huit inscriptions et d'assiduité aux cours, les étudiants sont admis à un deuxième examen après lequel ils obtiennent le diplôme de bachelier.

---

(1) Le cours d'histoire abrégée du droit est compris dans le cours d'introduction générale à l'étude du droit, pour lequel une chaire a été créée en 1840, dans la Faculté de Paris, et des *cours complémentaires* dans la plupart des Facultés, et notamment à Toulouse, à Poitiers, à Aix, à Strasbourg, à Dijon.

Les étudiants qui ne sont pas en mesure de subir ce second examen, après la huitième inscription, doivent le soutenir à Paris avant la onzième, dans les départements avant la dixième.

L'examen porte sur : les quatre premiers titres et le titre XX du IIIe livre du Code Napoléon (art. 711 à 1386, 2219 à 2281);

Les livres II, III et IV, première partie, du Code de procédure civile (art. 48-510);

Les deux premiers livres du Code pénal et des parties du Code d'instruction criminelle expliquées par le professeur (Code pénal, art. 1-74, instruction criminelle, parties expliquées).

A Paris, les matières de droit criminel pour cet examen sont : Code pénal. — Dispositions préliminaires et livres I et II. — Code d'instruction criminelle. — Dispositions préliminaires, art. 1 et 7 ;

Livre II, titre Ier, chapitre Tribunaux correctionnels, art. 179-216.

Les étudiants qui ont satisfait à ce deuxième examen obtiennent le diplôme de bachelier en droit.

TROISIÈME ANNÉE. — LICENCE.

Cours : Code Napoléon (3e année); Droit commercial et Droit administratif.

Premier examen : Les quatre livres des Institutes de Justinien, avec les développements donnés par le professeur.

Deuxième examen : Toutes les parties du Code Napoléon qui n'ont pas été comprises dans les premiers examens, art. 1387 à 2218, 2 (théorie de l'effet rétroactif des lois ;

3 (théorie des statuts, réel et personnel); 4 et 5, règles sur l'interprétation des lois; 120 à 138, des effets de l'absence. — Code de commerce (en entier); droit administratif (matières expliquées dans l'année).

Depuis 1841-42 les étudiants ont été tenus de faire à cet examen une composition écrite sur des matières d'enseignement obligatoire.

Cette épreuve a lieu le même jour que l'épreuve orale (1).

La composition est en français. Deux heures sont accordées pour cette épreuve, durant laquelle les étudiants ne sont pas en possession des textes.

Après avoir satisfait au deuxième examen, les étudiants sont admis à soutenir un acte public (thèse).

A Paris la thèse ne peut être soutenue qu'un mois après le quatrième examen.

DOCTORAT.

Une quatrième année d'études est exigée pour le doctorat.

Les aspirants au grade de docteur suivent les conférences de droit romain, deux cours de Code Napoléon, ainsi que celui de droit des gens, comprenant l'histoire des traités.

Il y a deux examens dans lesquels on exige des connaissances plus approfondies que dans les examens précédents :

(1) A Paris, à cause du grand nombre d'étudiants, la composition se fait la veille de l'examen. Cette épreuve est surveillée par un professeur (arrêté du 1er décembre 1843).

1er EXAMEN. L'ensemble du droit romain.

2me EXAMEN. Toutes les matières de l'enseignement sauf le droit romain.

Après avoir subi avec succès cet examen, le candidat soutient une thèse dont il choisit librement le sujet.

Cet acte (la thèse) se compose de deux dissertations spéciales; le sujet de l'une d'elles est toujours choisi dans le droit romain (1).

Les épreuves du doctorat sont l'objet de l'attention particulière de l'autorité supérieure. L'envoi de chaque thèse doit toujours être accompagné d'un rapport du doyen. Ainsi qu'on l'a justement pensé, l'importance attachée au doctorat dans les Facultés exige que ce grade élevé ne soit conféré qu'après des épreuves sérieuses qui constatent l'instruction réelle et solide des candidats. Tel a été le but constant de l'Université, et l'on peut affirmer qu'il a été atteint par un grand nombre de thèses justement appréciées, qui sont devenues de véritables ouvrages de droit.

Depuis 1850, sur un avis de l'ancienne section permanente du Conseil, la soutenance de l'acte public du doctorat a été autorisée hors les sessions ordinaires d'examen : « Attendu, dit cet avis, 1° que l'importance toujours croissante des épreuves du doctorat dans les Facultés de droit demande que le plus grand soin préside à l'examen des thèses de docteurs, et que la multiplicité des examens ordinaires ne permet pas toujours aux professeurs et suppléants de donner tout le temps nécessaire à l'appréciation

(1) Voir à cet effet la note de la page 119.

de l'acte public, à la suite duquel est conféré le plus haut grade dans les Facultés de droit;

« 2° Qu'en donnant aux Facultés et aux doyens qui les représentent l'autorisation de faire soutenir les thèses de doctorat dans l'intervalle des sessions d'examens, on facilitera pour les professeurs l'appréciation des compositions faites par les candidats, et, pour ces derniers, les moyens de perfectionner leur travail avant de le soumettre à l'acte public;

« 3° Que la réception de l'acte public de la thèse, dans l'intervalle des sessions, ne pourra d'ailleurs qu'ajouter à la solennité de cette dernière épreuve.

Prix dans les Facultés de droit.

Chaque année, il est distribué dans les Facultés de droit des prix et des mentions honorables, d'après le résultat d'un concours établi par l'ordonnance du 17 mars 1840 et réglé par un arrêté pris le même jour en conseil royal.

Le concours a lieu : 1° entre les élèves de troisième année; 2° entre les élèves de quatrième année, aspirant au doctorat et les docteurs reçus soit dans le courant de l'année, soit l'année précédente.

Deux premiers prix et deux seconds prix sont distribués parmi les élèves de troisième année : 1° d'après une composition écrite sur un sujet de droit romain; 2° d'après une composition écrite sur un sujet de droit français, choisi parmi les diverses matières enseignées dans les Facultés de droit.

Deux médailles d'or sont décernées parmi les élèves de quatrième année, aspirant au doctorat et les docteurs, d'après une dissertation écrite, dont le sujet choisi par M. le ministre sur une liste de questions prises dans les diverses matières de l'enseignement du droit, doit être publié huit mois d'avance.

Les élèves de troisième année qui obtiennent un premier ou un second prix sont dispensés des frais d'inscription, d'examen et de diplôme pour l'admission au doctorat.

La distribution des prix et médailles a lieu chaque année dans la séance solennelle de rentrée des Facultés ; à Paris elle a lieu à la fin de l'année scolaire (1).

Par une lettre en date du 23 mai 1840 insérée au *Moniteur*, M. le ministre de la justice a déclaré, sur la demande qui en avait été faite par M. le ministre de l'instruction publique, que les listes des élèves lauréats des Facultés de droit seraient consultées soit par le ministre pour les nominations à faire, soit par les premiers présidents et les procureurs généraux pour leurs présentations.

Un arrêté du ministre des finances en date du 8 juillet 1840 porte que les élèves des Facultés de droit qui auront obtenu des prix institués par l'ordonnance royale du 17 mars de la même année, seront admis, de préférence à tous autres aspirants, en qualité de surnuméraires de l'enregistrement et des domaines.

Frais d'études dans les Facultés de droit.

Extrait du décret du 22 août 1854.

TITRE IV. — DISPOSITIONS SPÉCIALES AUX FACULTÉS DE DROIT.

Art. 22. Les droits à percevoir dans les Facultés de droit sont fixés ainsi qu'il suit :

---

(1) Voir ce qui est dit plus loin de la donation Beaumont.

Rétributions obligatoires.

Capacité	Inscriptions (quatre à 30 fr.)	120
	Examen	60
	Certificat d'aptitude	40
	Visa du certificat d'aptitude	25
	Total	245
Baccalauréat	Inscriptions (huit à 30 fr.)	240
	Deux examens (60 fr. par examen)	120
	Deux certificats d'aptitude (40 fr. par certificat)	80
	Diplôme	100
	Total	540
Licence	Inscriptions (quatre à 30 fr.)	120
	Deux examens (60 fr. par examen)	120
	Deux certificats d'aptitude (40 fr. par certificat)	80
	Thèse	100
	Certificat d'aptitude	40
	Diplôme	100
	Total	560
Doctorat	Inscriptions (quatre à 30 fr.)	120
	Deux examens (60 fr. par examen)	120
	Deux certificats d'aptitude (40 fr. par certificat)	80
	Thèse	100
	Certificat d'aptitude	40
	Diplôme	100
	Total	560

Rétributions facultatives.

Conférences pour les aspirants au baccalauréat, à la licence et au doctorat en droit, rétribution annuelle. 150

Aux termes du décret du 10 avril 1852, les étudiants en droit sont tenus de suivre deux cours de la Faculté des lettres. Le décret du 22 août 1854 les autorise à remplacer un de ces cours par un cours près de la Faculté de théologie ou par un cour de la Faculté des sciences. Aux termes de ce même décret, le prix des inscriptions dans les Facultés des lettres a été fixé à 10 fr.

Remises de Frais sur ces droits.

Des remises ou des modérations de droits peuvent être accordées aux étudiants des Facultés qui se distinguent par leurs succès, ou qui, par leur position de famille, auraient des titres à cette faveur.

Ces remises sont prononcées par le Ministre après avis des Facultés (1).

Gradués des universités étrangères.

Les étrangers qui obtiennent l'équivalence de leurs grades avec les grades français peuvent aussi obtenir des remises de droit.

Les déclarations d'équivalences de grades en vue de l'étude du droit ont lieu presque toujours pour le baccalauréat ès-lettres français, sans lequel on ne peut s'inscrire. Les équivalences des études juridiques étrangères avec les nôtres sont beaucoup plus rares.

Un Français qui aurait pris des grades dans un pays étranger n'est pas apte à se prévaloir des dispositions de l'article 5 du décret du 22 août 1854 en vertu duquel les équivalences sont admises (2).

---

(1) Décret du 22 août 1854.

(2) C'était la jurisprudence de l'ancien conseil, et cela est toujours suivi.

Budget des Facultés.

L'article 13 de la loi du 14 juin 1854 dit qu'à partir du 1er janvier 1855 les établissements d'enseignement supérieur, chargés de la collation des grades, formeront un service spécial subventionné par l'État. Le budget de ce service spécial, aux termes de la même loi; est annexé à celui du ministère de l'instruction publique et des cultes; le compte des recettes et des dépenses est annexé à la loi des comptes, conformément à l'article 17 de la loi du 9 juillet 1836.

Les fonds destinés à acquitter les dépenses régulièrement effectuées, qui n'ont pas reçu d'emploi dans le cours de l'exercice, sont reportés, après clôture, sur l'exercice en cours d'execution. Les fonds restés libres sont cumulés avec les ressources du budget nouveau.

Les recettes présumées pour 1857, dans les Facultés de droit, sont évaluées à 1,192,655 fr.

Nous ne pouvons encore avoir le compte des recettes de 1856, mais nous donnerons comme point de comparaison celles de 1855 (1); elles ont été de 1,150,733 fr. 50 c., tandis que les dépenses ont été, cette même année 1855, de 755,591 fr. 12 c.

Le boni des Facultés de droit, en 1855, a été de 375,142 fr. 38 c.

Il y a lieu de faire connaître toutefois que, bien que les Facultés de droit réunies aient réalisé des recettes supérieures à leurs dépenses, il n'y en a cependant que quatre

(1) Première année de la réforme des droits à acquitter.

sur neuf qui aient atteint cette situation prospère : ce sont les Facultés de droit d'Aix, de Paris, de Poitiers et de Toulouse.

Les dépenses dans les Facultés de droit s'appliquent :

1° Au personnel ;

2° Aux frais d'enseignement ;

3° Matériel, chauffage, éclairage, entretien des bâtiments, du mobilier, frais de bureaux, dépenses imprévues (1).

Traitement du personnel.

Décanat. — Le doyen reçoit un préciput qui varie, selon les Facultés, de 800 à 3,000 fr.

Le traitement des professeurs se compose d'un traitement fixe et d'un traitement éventuel (produits des examens auxquels les secrétaires participent).

Le traitement fixe des professeurs dans les Facultés de droit des départements est uniformément de 3,000 fr. A Paris ce traitement est de 5,400 fr.

Le traitement éventuel varie (ainsi que son titre l'indique) de 2,150 fr. à Strasbourg, et s'élève à 6,600 fr. à Paris.

Suppléants.

Le traitement fixe des suppléants ou agrégés, dans les départements, est de 1,500 fr. (avec indemnité supplémentaire lorsqu'ils sont chargés d'une chaire).

(1) Ces frais s'appliquent surtout aux abonnements aux journaux judiciaires et aux recueils de jurisprudence destinés à faire partie des bibliothèques dont quelques-unes ont aujourd'hui une grande importance.

A Paris le traitement fixe des suppléants et agrégés est de 2,000 fr.

Le traitement éventuel varie nécessairement comme celui des professeurs. Le chiffre le plus élevé est de 5,000 fr.; le moins élevé est de 1,017 fr.

Secrétaires.

Les secrétaires agents comptables qui, ainsi que nous l'avons dit, ont un droit dans les examens, reçoivent, dans les Facultés des départements, un traitement fixe de 2,000 fr.

A Paris le traitement de ce fonctionnaire (1) est de 3,600 fr.

Traitement éventuel. — Le droit pour Paris est de 4 fr. par élève. Mais l'arrêté du président de la République, pris en exécution de la loi de finances, du 9 avril précédent, a réglé pour les professeurs comme pour les secrétaires un maximum. A Paris ce maximum, pour le secrétaire, est de 6,600 fr.

Dans les Facultés des départements, en vertu du règlement du 11 novembre 1826, le traitement éventuel se compose d'une somme réglée à forfait, d'après un tarif ascendant en raison du nombre des élèves.

La Faculté de droit de Toulouse, qui a habituellement plus de cinq cents élèves, est placée dans une position exceptionnelle. Il est fait application de l'article 260 du règlement du 11 novembre, qui fixe le maximum des traitements éventuels. Ce maximum, pour le secrétaire, est de 3,000 fr.

---

(1) M. Reboul, auteur d'un travail justement estimé, *le Manuel des Étudiants en droit.*

Statistique des réceptions au grade de docteur.

Pour justifier ce que nous avons dit plus haut de l'importance qu'on attache chaque jour de plus en plus au doctorat en droit, nous donnerons ici un tableau des réceptions qui ont eu lieu d'année en année depuis 1806. Ce tableau, qui présente l'augmentation successive des admissions, paraîtra n'avoir pas besoin de commentaire. Nous y avons compris les certificats d'aptitude mentionnés dans la note de la page 4.

Année	Nombre	Année	Nombre
1806	6	*Report*	432
1807	9	1832	28
1808	7	1833	20
1809	16	1834	24
1810	22	1835	26
1811	24	1836	31
1812	31	1837	53
1813	35	1838	36
1814	8	1839	38
1815	8	1840	52
1816	8	1841	61
1817	6	1842	65
1818	26	1843	66
1819	15	1844	89
1820	15	1845	97
1821	10	1846	88
1822	7	1847	82
1823	10	1848	77
1824	18	1849	83
1825	17	1850	58
1826	27	1851	59
1827	23	1852	80
1828	18	1853	63
1829	20	1854	83
1830	21	1855	87
1831	25	1856	85
A reporter	432		1963 (1)

(1) Ne sont pas compris dans ces chiffres les diplômes qui ont pu être délivrés par collation, en vertu de l'arrêté du 23 mai 1809. Il y en a 139.

ANALYSE CHRONOLOGIQUE

DES

LOIS, DÉCRETS, STATUTS, RÈGLEMENTS ET CIRCULAIRES

RELATIFS A L'ENSEIGNEMENT ET A L'ÉTUDE DU DROIT,

De 1791 à 1857.

Révolution. — Fin du règne de Louis XVI.

3 et 4 septembre 1791. Constitution de 1791 dont l'article 3 du titre Ier porte qu'il sera créé et organisé une instruction publique, commune à tous les citoyens, gratuite à l'égard des parties de l'enseignement indispensables pour tous les hommes, et dont les établissements seront distribués dans un rapport combiné avec la division du royaume.

Révolution.

15 septembre 1793. Décret de la Convention qui pose en principe qu'indépendamment des écoles primaires, il y aura trois degrés progressifs d'instruction : le premier pour les connaissances indispensables aux artistes et ouvriers de tout genre ; le second pour les connaissances ultérieures, nécessaires à ceux qui se destinent aux autres professions, et le troisième pour les objets d'instruction dont l'étude difficile n'est pas à la portée de tous les hommes.

25 février et 1er mars 1795. Décrets de la Convention qui créent des écoles centrales dans lesquelles on doit enseigner *la législation, l'économie politique et l'histoire philosophique des peuples.*

25 octobre 1795. Décret de la Convention contenant organisation générale de l'instruction publique. Dans cette organisation figurent, comme écoles du troisième degré, les écoles spéciales au nombre desquelles sont énoncées les écoles des sciences politiques.

Consulat.

8 mars 1802. Arrêté des Consuls portant qu'un conseiller d'État attaché au département de l'intérieur aura sous sa direction tout ce qui concerne l'instruction publique.

12 mars 1802. M. Rœderer est appelé à la place de directeur général, créée par le décret ci-dessus rapporté.

1er mai 1802. Loi générale sur l'instruction publique. Écoles spéciales. L'article 25 désigne parmi les écoles dix écoles de droit et trois écoles de médecine. L'article 26 réserve la nomination des professeurs des écoles spéciales au premier consul, sur la présentation de l'Institut et des inspecteurs généraux des études.

14 septembre 1802. M. Fourcroy est nommé directeur général de l'instruction publique.

14 septembre 1802. M. Régnier (duc de Massa) est nommé par le premier consul grand-juge, ministre de la justice.

22 ventôse, an XII (13 mars 1804). Loi relative aux écoles de droit.

Cette loi, sur laquelle reposent encore aujourd'hui tous les règlements du droit, détermine les matières de l'enseignement, la durée des cours d'études, l'époque des examens, la forme des diplômes, les avantages concédés aux magistrats alors en fonctions, et qui n'étaient point pourvus de titres, les fonctions auxquelles pourront être appelés les licenciés et docteurs, la formation du tableau des avocats, le nombre des professeurs et des inspecteurs généraux des écoles de droit. Elle dispose en outre qu'il sera pourvu, par des règlements d'administration publique, à la désignation détaillée des matières de l'enseignement, des livres à employer durant cet enseignement, à la fixation des jours et heures d'étude, du nombre des inscriptions, des rétributions à payer, fixeront le traitement des professeurs, la forme et la durée des examens, la forme et la délivrance des diplômes, et pourvoiront au placement des écoles de droit.

Règne de Napoléon Ier.

Décret du 4e complémentaire an XII (21 septembre 1804). Ce décret impérial organise les écoles de droit conformément aux dispositions de la loi que nous venons de citer. Il place ces établissements dans les attributions du grand-juge en ce qui concerne l'enseignement.

25 floréal an XII (13 mai 1805). Décret réglant le costume des inspecteurs généraux des écoles de droit, des professeurs, des suppléants et des secrétaires.

10 février 1806. Décret concernant les vacances des écoles de droit.

10 mai 1806. Loi sur la formation de l'université impériale, c'est-à-dire d'un corps chargé exclusivement de l'enseignement et de l'éducation publique dans tout l'empire.

3 juillet 1806. Décret relatif aux examens prescrits aux étudiants en droit.

25 janvier 1807. Décret concédant aux fils des professeurs la gratuité des droits d'inscription et d'examen. Cette faveur est maintenue par le même décret aux enfants des fonctionnaires décédés (1).

23 avril 1807. Décret relatif aux étudiants appelés par la conscription. Ils sont admis à recouvrer l'inscription qu'ils auraient perdue par suite du tirage.

19 mars 1807. Instruction pour les écoles de droit.

Cette instruction se compose de 67 articles et règle l'état des professeurs, l'administration, les conseils de discipline et d'enseignement, les justifications à faire par les étudiants et des obligations qui leur sont imposées. Elle est approuvée par le grand-juge auquel elle avait été proposée par les inspecteurs généraux réunis en conseil supérieur des études de droit.

17 mars 1808. Décret organique qui constitue l'Université de France, conformément à la loi du 10 mai 1806, et maintient l'organisation existante des Facultés de droit en érigeant les écoles de droit en Facultés. Le grand juge ou ministre de la justice cessa de les diriger, et le conseil supérieur qui l'assistait fut fondu dans le conseil de l'Université présidé par le grand-maître. Entre autres dispositions contenues dans ce décret se trouvent celles qui donnent des représentants spéciaux aux études de droit dans le sein du conseil.

23 mai 1809. Arrêté du conseil de l'Université portant que le diplôme de certains grades pourra être accordé à diverses classes de

---

(1) Cette exception est admise par assimilation dans les Facultés des autres ordres.

personnes, à raison des fonctions qu'elles ont remplies ou remplissent actuellement.

10 octobre 1809. Règlement du conseil de l'Université concernant le régime de l'Université, la subordination, la correspondance et les attributions de ses diverses autorités.

31 octobre 1809. Statut sur l'organisation des concours dans les Facultés.

1er mai 1810. Statut additionnel à celui du 31 octobre 1809.

3 mai 1810. Arrêté concernant les inscriptions dans les Facultés de droit.

Cet arrêté impose à tout élève, prenant une première inscription de licence, la justification d'un certificat constatant qu'il a fait sa rhétorique (1).

5 juin 1810. Arrêté du conseil relatif aux places de suppléants vacantes dans les Facultés de droit.

13 avril 1811. Instruction sur l'exécution du statut du 13 juillet 1810, relatif à l'administration économique des Facultés de droit (Comptabilité).

6 octobre 1812. Instruction pour faire suivre aux étudiants en droit les cours des Facultés des lettres.

Ce sont des observations adressées aux recteurs sur les avantages que trouveraient les étudiants en droit en suivant les cours de la Faculté des lettres. On expose entre autres considérations que, soit dans la carrière de la magistrature et du barreau, soit dans celle de l'administration, il est à peu près impossible d'obtenir des succès si l'on ne réunit aux connaissances positives l'art de s'exprimer purement et avec élégance.

Ces instructions ont été renouvelées à diverses reprises et, ainsi qu'on le verra plus loin, le décret du 10 avril 1852 a imposé aux étudiants en droit l'obligation de suivre les cours d'une Faculté des lettres.

26 février 1810. Instruction du grand-maître relative à l'autorisation de faire des cours publics.

Cette instruction dit que ceux qui veulent faire des cours publics sont tenus d'être gradués et de payer un droit annuel.

---

(1) Le grade de bachelier ès-lettres, dont on a dû justifier formellement depuis, a été exigé à partir de 1815, et postérieurement, par l'ordonnance du 9 août 1836.

Ce droit était fixé à 100 francs pour les cours de droit. Aujourd'hui on ne paye rien, mais il faut une autorisation du ministre, après avis du conseil impérial de l'instruction publique.

17 mai 1810. Arrêté relatif aux élèves qui ont remporté le prix d'honneur au concours des lycées de Paris.

Cet arrêté exemptait le lauréat des frais d'étude dans toutes les Facultés dont il voulait suivre les cours.

25 mars 1811. Instruction relative à l'envoi des certificats d'aptitude.

8 juin 1811. Circulaire portant invitation aux recteurs d'adresser deux exemplaires de toutes les thèses soutenues devant les Facultés.

Des instructions plus récentes imposent maintenant aux Facultés d'envoyer douze exemplaires à l'administration centrale et un à chacune des Facultés de l'ordre des sciences dans lequel la thèse a été soutenue.

15 novembre 1811. Décret concernant le régime de l'Université. L'article 33 de ce décret, tout en soumettant les membres de l'Université à une discipline et à une juridiction spéciales, impose aux préfets l'obligation de surveiller les établissements d'instruction publique placés dans leurs départements respectifs.

3 juin 1812. Arrêté sur le rang que les doyens des Facultés doivent prendre dans les cérémonies publiques.

19 mars 1813. Propositions du conseil de l'Université relativement aux diverses fonctions pour lesquelles les études en droit devraient être requises.

1er octobre 1813. Arrêté portant que la décision par laquelle la Faculté de droit de Groningue a refusé de délivrer un certificat d'inscription à un élève ajourné pour un nouvel examen, est approuvée, et que la même règle sera observée dans toutes les Facultés.

5 novembre 1813. Arrêté relatif à l'obtention des grades de bachelier et de licencié dans les Facultés de droit.

Cet arrêté, entre autres dispositions, autorise les étudiants ayant des inscriptions dites *de capacité*, à les échanger pour des inscriptions de licence ; mais l'ordonnance du 13 juin 1830 s'est opposée formellement depuis à cet échange.

Première Restauration.

17 février 1815. Ordonnance royale sur l'instruction publique.

Cette ordonnance substitue la direction des autorités locales à celle du haut fonctionnaire (le grand-maître) que le décret de 1808 avait placé à la tête de l'enseignement. Les académies, réduites à dix-sept, prennent le nom d'*Universités.*

Cent jours.

30 mars 1815 (Cent jours). Décret qui réorganise l'Université. Nomination de M. Lacépède comme grand-maître.

Deuxième Restauration, Règne de Louis XVIII.

15 août 1815. Ordonnance du roi qui maintient provisoiremen les académies.

3 novembre 1815. Circulaire relative à l'envoi des thèses ; on renouvelle les instructions données précédemment à ce sujet. Il est dit, en outre, que l'expédition des diplômes restera suspendue jusqu'à l'envoi de la thèse correspondante.

13 novembre 1815. Arrêté appliquant aux Facultés de droit une disposition sur les concours, dans les Facultés de médecine. (Dispense de l'argumentation pour certains candidats.)

13 novembre 1815. Décision sur l'ordre des cours dans la Faculté de droit de Paris.

5 février 1817. Ordonnance royale prescrivant une information sur des troubles survenus à la Faculté de droit de Rennes, et qui charge la commission de l'instruction publique de proposer un règlement général de discipline pour les Facultés.

21 décembre 1818. Arrêté contenant, pour les Facultés de droit, des modifications au statut sur les concours du 31 octobre 1809.

Le seul statut qui règle aujourd'hui les concours dans les Facultés (pour l'agrégation) est celui du 20 décembre 1855.

24 mars 1819. Ordonnance du Roi concernant l'École de droit de Paris.

Le grand nombre des étudiants avait obligé de la diviser en deux ections.

13 octobre 1819. Arrêté pris à l'occasion de l'ordonnance ci-dessus.

20 octobre 1819. Arrêté qui rend applicables à toutes les Facultés de droit les articles 8 et 9 de l'arrêté du 13 octobre 1819, sur l'organisation de la Faculté de droit de Paris.

13 novembre 1819. Arrêté sur les concours.

30 novembre 1819. Arrêté qui défend à tout autre qu'aux professeurs et aux étudiants interrogés de prendre la parole dans les auditoires ainsi que dans l'enceinte des Facultés.

Arrêté pris à l'occasion de troubles qui avaient eu lieu dans les Facultés de droit et de médecine de Paris

Cet arrêté édicte des peines disciplinaires.

7 juillet 1819. Ordonnance du roi qui affecte l'église de la Sorbonne aux cours de la Faculté de droit de Paris, dans le but de placer les cours de la deuxième section.

15 avril 1820. Circulaire pour inviter les recteurs à refuser leur approbation aux certificats d'aptitude des étudiants des Facultés qui tiendraient une conduite répréhensible.

L'Université, dit cette circulaire, ne doit pas admettre dans le corps respectable de ses gradués des jeunes gens qui se seraient rendus indignes de cette distinction.

7 mai 1820. Arrêté concernant la police intérieure des Facultés.

5 juin 1820. Arrêté relatif aux étudiants des Facultés de Paris.

Les troubles qui avaient eu lieu dans la soirée du 3 juin 1820 donnèrent lieu à cet arrêté, qui prescrit la radiation des registres des Facultés de tout étudiant arrêté dans les groupes.

Le 10 du même mois, autre arrêté excluant à toujours les étudiants qui auraient été saisis dans le cas prévu plus haut.

13 juin suivant. Circulaire aux recteurs sur le même objet.

5 juillet 1820. Ordonnance royale concernant les Facultés, et spécialement celles de droit et de médecine.

Elle règle toute la discipline intérieure de ces deux Facultés. Les peines disciplinaires qu'elle édicte peuvent être appliquées aujourd'hui.

2 septembre 1820. Arrêté relatif aux certificats d'assiduité des étudiants des Facultés.

Les certificats ne seront reçus qu'avec le visa du recteur.

4 octobre 1820. Ordonnance royale relative aux études dans les

Facultés de droit en général, et spécialement dans celle de l'Académie de Paris.

20 octobre 1820. Circulaire décidant que le doyen, en cas de partage, doit avoir voix prépondérante dans les délibérations des Facultés.

Cette circulaire rappelle que non-seulement la nature des choses veut que le doyen jouisse de la prérogative dont il s'agit, mais que les anciens édits, et notamment les déclarations du roi du 16 août 1632 et du 31 décembre 1683 la lui ont formellement attribuée.

1er novembre 1820. Ordonnance royale qui donne à la Commission de l'instruction publique le titre de Conseil royal de l'instruction publique et qui contient règlement à cet égard.

19 décembre 1820. Arrêté relatif aux individus qui logent des étudiants.

Cet arrêté décide que les logeurs et maîtres d'hôtel garni ne pourront se présenter comme répondant des étudiants de la Faculté de droit de Paris, qu'autant qu'ils y seront autorisés par les familles de ces étudiants.

Cette disposition a été reproduite par l'article 7 du statut du 9 avril 1825.

19 janvier 1821. Instruction sur la juridiction de l'Université envers ses membres.

26 octobre 1822. Arrêté sur la clôture du registre des inscriptions dans toutes les Facultés.

Les inscriptions doivent être prises du 1er au 15 novembre, du 1er au 15 janvier, du 1er au 15 avril, du 1er au 15 juillet. L'arrêté du 26 octobre dispose que lorsque le jour fixé par les règlements pour la clôture des inscriptions se trouvera être un dimanche, les registres ne seront fermés que le lendemain.

11 mars 1825. Arrêté décidant que l'art. 33 de l'ordonnance du roi concernant l'École de médecine de Paris sera appliqué aux étudiants de toutes les Facultés.

Cet article 33 punit de la perte d'une ou de plusieurs inscriptions, ou même de l'exclusion de la Faculté, tout étudiant qui aura donné à une autre personne sa carte d'inscription si cette transmis produit du désordre.

Règne de Charles X.

9 avril 1825. Statut (toujours appliqué) qui est le règlement général sur la discipline et la police intérieure des Facultés et des écoles secondaires de médecine.

Le 30 juillet 1825, un avertissement pour les étudiants des Facultés consacra encore quelques dispositions. Il rappela aux étudiants que le grec et les mathématiques faisaient désormais partie du programme du baccalauréat ès-lettres.

Le 8 septembre 1829, arrêté du conseil royal portant interdiction aux professeurs de donner des répétitions aux étudiants qui se proposent de prendre des grades dans la Faculté à laquelle ces professeurs appartiennent.

Ces prescriptions ont été formellement maintenues jusqu'à nos jours.

De 1825 à 1829, plusieurs chaires furent créés à Caen, à Toulouse; ces renseignements ayant été indiqués plus haut, nous n'avons pas cru devoir les répéter ici.

La Faculté de Droit de Grenoble, supprimée le 2 avril 1821, fut rétablie le 22 septembre 1824.

Le 10 mai 1825 fut publié un statut général sur les concours dans les Facultés de Droit et de médecine; mais, ainsi que nous l'avons dit déjà, il n'y a plus aujourd'hui de concours que pour l'agrégation, et le dernier règlement est le statut du 19 août 1857 (1).

26 avril 1828. Arrêté concernant les étudiants des Facultés qui ont été ajournés à leurs examens,

Dispose qu'un candidat ainsi ajourné dans une Faculté ne pourra se présenter à l'examen dans une autre Faculté, sans autorisation de l'autorité supérieure.

Aux termes d'un arrêté du 18 octobre 1847, les recteurs sont autorisés à statuer directement sur les demandes qui pourraient être faites à ce sujet.

Nous trouvons dans cette période de 1820 à 1830 plusieurs règlements sur les examens; c'est d'abord l'arrêté du 1er octobre 1822

---

(1) L'institution du concours fut introduite en France par l'ordonnance de Blois de 1579. dont l'article 86 met au concours les chaires de droit canon et de droit civil.

qui détermine les cours que doivent suivre chaque année les étudiants de la Faculté de droit de Paris ; la décision du 26 octobre suivant qui rend applicable, à la Faculté de Toulouse, l'arrêté précédent ; un autre arrêté du 5 juillet 1828, disposant que l'examen sur le droit administratif sera indépendant des examens ordinaires, puis celui du 5 mai 1829 qui règle les examens de la Faculté de droit de Paris et rapporte la disposition contenue dans l'arrêté du 5 juillet relativement au droit administratif.

Le 14 avril 1829, un arrêté régla l'enseignement des chaires d'histoire du droit et de droit des gens créées par l'ordonnance royale du 25 mars 1829.

Conformément à cet arrêté, le professeur d'histoire du droit est tenu de faire connaître l'origine et les progrès de la législation romaine, et son influence sur celles des nations modernes et principalement sur celle de la France.

Il doit traiter également de l'origine et du développement du droit français depuis le commencement de la monarchie jusqu'à nos jours.

Le professeur du droit des gens doit traiter des principes généraux du droit international et de tout ce qui a rapport à l'état de paix et à l'état de guerre.

Il doit aussi faire connaître les principales dispositions qui règlent les droits positifs des États.

Sur la demande de la Faculté de droit de Strasbourg (4 août 1829) on ouvrit aux étudiants étrangers les portes de cette Faculté à des conditions restrictives sans doute, mais qui n'honorent pas moins le sentiment qui avait porté la Faculté à provoquer cet arrêté.

De 1820 à 1830 il y eut plusieurs concours à des chaires vacantes dans quelques Facultés. Un de ces concours, tenu à Aix, fut annulé sur la réclamation de plusieurs candidats qui contestèrent la régularité du mode de scrutin, lequel avait eu lieu en un seul tour par bulletins séparés pour les deux places.

13 juin 1830. Ordonnance royale portant que les inscriptions dites de capacité ne pourront plus compter pour le baccalauréat ni pour la licence.

Règne de Louis-Philippe.

5 février 1831. Ordonnance royale qui nomme une commission chargée de réviser les lois, décrets et ordonnances sur l'instruction publique et de préparer une loi pour l'organisation générale de l'enseignement.

Le projet conçu dans cette ordonnance ne fut pas réalisé. On se rappelle à ce sujet les luttes qui ont eu lieu sous le dernier règne et qui n'ont été terminées qu'en 1850, lors de la promulgation de la loi du 15 mars.

5 février 1831. Arrêté du conseil relatif à la suppression de toute collation de grades.

Cet arrêté est motivé :

1° Sur ce que le délai accordé par le premier paragraphe de l'article 11 du décret du 17 décembre 1808 pour les collations de grades en vertu des services était expiré ;

2° Sur les inconvénients qu'il y aurait à continuer cet usage alors que les droits politiques étaient attachés aux grades universitaires.

6 novembre 1831. Ordonnance royale portant que l'ordonnance du 6 septembre 1822, qui nommait M. de Portets à une chaire de code civil près la Faculté de droit de Paris, est rapportée, et que cette chaire serait remise au concours. Cette ordonnance, en dépossédant M. de Portets, lui conservait cependant le titre de professeur et disposait que son enseignement serait fixé ultérieurement.

16 mars 1832. Arrêté qui prescrit la vérification de la signature des étudiants des Facultés avant qu'ils subissent leurs examens.

Pris en vue de prévenir les substitions de personnes, l'arrêté exige que les étudiants soient avertis chaque fois des suites que pourraient avoir pour eux, d'après les lois criminelles, les fausses signatures apposées à l'occasion de ces actes.

En 1832,—création de plusieurs chaires, ouverture d'un concours à Rennes pour une chaire de droit romain et une place de suppléant, vacantes à la Faculté de droit de cette ville. Arrêté sur les concours pour les places de suppléants (15 juin). Création d'une chaire de droit administratif à Poitiers.

22 août 1834. Ordonnance royale qui établit, dans la Faculté de Droit de Paris, une chaire de droit constitutionnel français.

M. Rossi, qui a laissé au sein de nos anciens conseils, une impérissable mémoire, fut nommé à cette chaire le 23 août suivant. M. Rossi n'était pas docteur français ; il était docteur en droit de l'université de Bologne. C'était la première fois qu'un titre étranger servait pour l'enseignement dans une Faculté française. Le conseil de l'Université avait admis le titre de M. Rossi, d'abord à cause de la notoriété scientifique de cet homme illustre, mais parce qu'à l'époque où le diplôme avait été obtenu, notre Code civil était enseigné à l'université de Bologne (1).

Aux termes d'un arrêté du 6 octobre 1835, les questions relatives au droit constitutionnel français devaient faire partie du deuxième examen de doctorat.

3 novembre 1835. Arrêté portant que l'équivalence ou la commutation des diplômes ne peut être établie d'une manière générale entre les Facultés de France et les Facultés étrangères.

Arrêté pris au sujet d'une demande de l'Académie de Genève. — Toute décision d'équivalence est prise aujourd'hui sur l'avis de la Faculté compétente.

21 juin 1836. Arrêté du Conseil royal qui autorise les élèves de l'École de droit de l'île Bourbon à faire compter pour les deux tiers les inscriptions prises dans cette école.

9 août 1836. Ordonnance du roi relative aux grades dont devront justifier les étudiants des Facultés,

Impose formellement la justification de baccalauréat ès-lettres pour toute première inscription dans les Facultés.

23 août 1837. Avis du conseil sur cette question : Les recteurs peuvent-ils être professeurs ? résolue affirmativement.

Le 10 octobre 1837, le conseil supérieur émet un avis négatif au sujet de la création projetée de chaires de notariat dans les Facultés de droit. Cette décision était motivée sur ce que, dans l'état de la législation, la profession de notaire n'était assujettie à aucun grade ni à la formalité du certificat de capacité ; que dès lors une chaire de notariat n'aurait pas d'auditeurs, et que d'ailleurs la matière d'un tel enseignement comprendrait nécessairement diverses parties de droit civil qui sont enseignées déjà dans une Faculté de droit.

12 décembre 1837. Création d'une chaire de droit administratif à Dijon, Grenoble, Rennes, Strasbourg et Toulouse. La même ordonnance créa à Paris une chaire de législation pénale comparée.

---

(1) La qualité d'étranger de M. Rossi choqua l'opinion des étudiants ; aussi fut-il installé presque au milieu d'une émeute. Mais, ainsi que le rapporte M. Mignet, il parut dans sa chaire avec une confiante sérénité : maître de son esprit comme de son visage dont les traits étaient fins et réguliers comme ceux d'un marbre antique, il promenait son regard pénétrant et assuré sur son auditoire tumultueux qui finit par l'applaudir aussitôt qu'il consentit à l'entendre. Il transforma sans peine les désapprobateurs de sa nomination en approbateurs de ses leçons.

1er décembre 1837. Ordonnance du roi concernant les conditions à remplir pour être nommé secrétaire de la Faculté.

Cette ordonnance disposait qu'à l'avenir les membres de l'Université pourraient seuls occuper ces emplois.

26 mai 1838. Circulaire qui impose à tous les fonctionnaires de n'adresser de demande que par la voie hiérarchique.

« J'admets cependant, dit le ministre (M. de Salvandy), les réclamations directes de quiconque croit ses droits méconnus. »

14 septembre 1838. Arrêté relatif à l'ouverture des bibliothèques des Facultés, le soir, pour les étudiants.

La période qui s'étend de 1838 à 1845 est celle où l'enseignement du droit devint l'objet d'une attention plus particulière de la part de l'autorité supérieure. Le 29 juin 1838, M. de Salvandy fit créer une commission des hautes études de droit. Cette commission, disait le ministre, se hâtera d'introduire toutes les améliorations qui lui seront signalées dans un enseignement dont les progrès intéressent au plus haut degré l'honneur du barreau, la dignité de la magistrature et l'État lui-même.

La Commission des hautes études était composée de plusieurs conseillers à la Cour de cassation, d'un président du conseil d'État, du premier président de la Cour des comptes, d'un président de la Cour royale de Paris, du procureur général près cette même Cour, d'un conseiller de l'Université, du doyen et d'un professeur de la Faculté de droit de Paris.

De nombreuses questions relatives au nombre des cours dans les Facultés, à la matière dont ces cours devaient être l'objet, pour quels grades et pour quelles professions, etc., ils seraient obligatoires, furent posées à cette commission comme thème de ses travaux. Elle devait rechercher de quels développements l'enseignement du droit était susceptible pour faire pénétrer la jeunesse aux sources mêmes de la science, et propager les notions de la philosophie du droit, du droit des gens, de la diplomatie, qui sont également nécessaires au criminaliste, à l'administrateur, à l'homme d'État.

Dès le 26 octobre suivant, en conséquence de l'avis de la Commission des hautes études sur le rétablissement de l'inspection générale du droit, le ministre délégua, à plusieurs magistrats, conformément à l'article 34 de la loi du 22 ventôse an XII (13 mars 1804), et de l'article 91 du décret du 17 mars 1808, les pouvoirs d'inspecteurs généraux de l'ordre du droit.

Aux termes de cet arrêté, ces magistrats auxquels on adjoignit M. Rendu, membre du conseil royal, devaient assister aux cours, examens, délibérations des Facultés, et faire des rapports sur l'état des écoles de droit, en tout ce qui concerne l'administration, la discipline et les études. Par une lettre circulaire, en date du 28 octobre, le ministre développa aux inspecteurs généraux délégués toute l'étendue de leur mission.

Reconnaissant d'abord que l'enseignement du droit était resté étranger au mouvement progressif des autres parties de l'instruction publique, M. le ministre invita circulairement les inspecteurs à enrechercher la cause. L'autorité supérieure exprima à ce sujet plusieurs suppositions qui s'appliquaient soit à la véritable durée du temps d'étude, soit au nombre des leçons faites par chaque professeur. Le ministre rappela qu'aux termes de l'article 70 du décret du 21 septembre 1804, les professeurs sont tenus de *dicter des cahiers* que les étudiants doivent écrire eux-mêmes; ces dictées doivent être suivies d'explications orales, de développements, d'interrogations; venaient ensuite des observations sur les formes des examens qui seraient négligées. Les articles 50 et 51 du décret du 27 septembre 1804, dit la circulaire, portent que chaque examen peut être ouvert pour plusieurs étudiants en même temps, pourvu qu'ils ne soient pas plus de huit; et que l'examen doit être au moins d'une heure pour un étudiant, de deux heures pour deux étudiants, de trois heures pour quatre étudiants, de cinq heures pour huit.

Le ministre, après avoir recommandé la sévérité dans les examens, appelle l'attention des inspecteurs généraux sur la discipline de l'école, les rapports des étudiants et des professeurs, le respect que les étudiants doivent à leurs maîtres, délégués de l'autorité paternelle.

« On se plaint généralement, dit à ce sujet M. de Salvandy, de ne pas voir l'éducation et l'instruction obtenir les mêmes soins dans nos établissements. L'accusation n'est pas fondée ; mais il ne faut pas qu'elle le soit dans l'enseignement supérieur plus que dans les autres degrés. » Il ajoutait : « C'est précisément parce que les élèves des Facultés vont entrer dans la vie qu'il importe davantage de leur faire pratiquer tous les devoirs dont elle se compose. Le respect de l'autorité légitime est le premier de tous. »

Un arrêté (26 octobre 1838), pris en conseil de l'Université, avait coordonné les diverses dispositions concernant l'ouverture des cours, la rentrée, les inscriptions, la discipline des étudiants des

Facultés de droit et de médecine. Le ministre crut devoir accompagner l'envoi de ce nouveau règlement d'une circulaire que je transcris ici, afin de montrer quelle était la sollicitude du chef de l'Université :

« Monsieur le recteur, je recommande à tout votre dévouement l'exécution de l'arrêté que je viens de prendre en conseil royal sur la police et la discipline des Facultés. La pensée fondamentale de cet arrêté est d'appeler l'autorité paternelle au secours de la nôtre, en introduisant dans l'enseignement supérieur les rapports constants de l'Université avec les familles, qui assurent le bon ordre de l'instruction secondaire. Ces rapports, à tous les degrés, font partie de nos devoirs. Dépositaires des plus chers intérêts de tous les pères, nous leur devons compte du dépôt qu'ils nous confient, et nous trouverons dans leur vigilance et leur concours un appui qui fortifierait au besoin notre pouvoir disciplinaire, et, ce qui vaut mieux, nous dispensera d'y recourir.

« Les difficultés d'exécution ne vous arrêteront pas. L'exemple a été donné, l'initiative a été prise à Paris par le zèle éclairé de l'un de nos doyens. Ce que nous prescrivons se pratique donc déjà. Vous veillerez à ce que la pratique soit régulière, constante, soutenue. L'Université par là acquerra de nouveaux droits à la reconnaissance des familles ; elle placera sous la sauvegarde de la première et de la plus salutaire des sanctions ses efforts pour diriger la jeunesse dans la voie des bonnes études et des bonnes mœurs. »

Jusqu'en 1840, époque de la création des prix dans les Facultés de droit, ces établissements ne furent l'objet d'aucune disposition de nature à être citée. Ainsi que cela avait été décidé par l'ordonnance du 19 juin 1828 pour la Faculté de droit de Paris, le cours de droit administratif fut rendu obligatoire pour les élèves de troisième année dans les Facultés de droit de Dijon, de Grenoble, de Rennes, de Strasbourg et de Toulouse. Un arrêté, en date du 25 octobre 1839, dû à M. Villemain, imposa aux étudiants des Facultés de droit ou de médecine qui veulent changer d'Académie, la justification du certificat d'assiduité mentionné à l'article 8 de l'arrêté du 26 octobre 1838, et dispose que, si un étudiant a été ajourné, il ne peut changer d'académie sans une autorisation semblable du grand-maître (1).

(1) Aux termes de l'arrêté du 18 octobre 1847, les recteurs ont été autorisés à statuer directement sur les demandes de cette nature.

M. Cousin, qui fut ministre du 1er mars 1840 au 27 octobre de la même année, provoqua, à la date du 17 mars 1840, une ordonnance royale qui établit deux concours entre les étudiants en droit. Le premier concours a lieu entre les élèves de troisième année, et le second entre les élèves de quatrième année aspirant au doctorat, et les jeunes docteurs reçus par chaque Faculté, soit dans le courant de l'année, soit l'année précédente. Il y a lieu de faire observer que les Facultés de Poitiers et d'Aix avaient déjà pris à ce sujet une honorable initiative. Les nouveaux concours, dont la création était due à l'autorité supérieure elle-même, conseillée par la commission des hautes études et par l'avis favorable du conseil de l'Université, ne pouvaient manquer d'être parfaitement accueillis, ce qui arriva en effet. Ainsi que le faisait remarquer M. Cousin dans son rapport au roi, l'expérience avait déjà consacré l'institution des concours dans deux pays où les études juridiques sont florissantes, la Hollande et l'Allemagne. Plus d'une dissertation couronnée dans les universités allemandes et hollandaises a éveillé un talent, suscité une vocation, décidé une carrière. Quelquefois même il est sorti de ces concours des ouvrages qui ont pris rang dans la science.

Il y a deux sujets de prix, tous deux renfermés dans les limites de l'enseignement : l'un emprunté au droit français, l'autre au droit romain.

« J'ai voulu par là, Sire, disait M. Cousin, sans cesser d'honorer le droit national, montrer une juste sollicitude pour le droit romain, ce droit qui a été appelé *la raison écrite*, et qui est le fondement des législations civiles de l'Europe entière. D'ailleurs, Sire, ce droit a l'avantage d'exiger, pour être bien compris, une étude patiente et assidue de l'antiquité romaine, des jurisconsultes, des historiens, des orateurs, de presque tous les monuments de Rome ; et Votre Majesté sait combien il importe d'encourager l'esprit du travail dans notre vive et ingénieuse jeunesse.

« Mais, à la fin de la quatrième année, parmi les aspirants au doctorat et les docteurs de cette année et de l'année précédente, il s'ouvrirait un concours d'un caractère différent. Le concours de troisième année était plus scolastique, celui-ci sera déjà académique ; il portera sur des sujets que proposera la Faculté, et que le ministre lui-même, assisté de la commission des études de droit et du conseil royal, choisira. Ce concours, tout en résumant les études des écoles, sera destiné à servir la science. Les matières, comme dans les concours académiques, seront publiées au moins huit mois à l'avance.

« Il est donc permis d'espérer qu'il sortira de ces concours des dissertations véritablement remarquables, et que les vainqueurs contracteront, par leurs succès mêmes, avec la science juridique, des engagements qui les retiendront dans ces grandes études, et les destineront à la carrière de l'enseignement. Ainsi serait formée une pépinière de candidats pour le recrutement de nos chaires de droit.

« Enfin, ces prix divers, avec les avantages qui y sont attachés, seraient proclamés dans la séance de rentrée des Facultés, et donneraient lieu à une solennité semblable à celle de la distribution des prix dans nos colléges. Cette solennité éveillerait plus d'une ambition généreuse ; et les rapports sérieux qui y seraient lus marqueraient successivement, d'année en année, le progrès des études dans chaque Faculté, et entretiendraient parmi toutes les Facultés du royaume une noble émulation, et ce mouvement paisible et régulier qui partout est la vie. »

Les concours ont, en effet, donné les meilleurs résultats, et ont provoqué, ainsi qu'on pouvait s'y attendre, plus d'un travail remarquable.

Des prix et deux médailles d'or sont décernés parmi les élèves de quatrième année, et les docteurs reçus, ainsi que nous l'avons dit plus haut, d'après une dissertation écrite dont le sujet, choisi par le Ministre sur une liste de questions prises dans les diverses matières de l'enseignement du droit, doit être publié au moins huit mois d'avance.

Les élèves de troisième année, qui ont obtenu un premier ou un second prix, sont, en outre, dispensés des frais d'inscriptions, d'examen et de diplôme pour l'admission au doctorat.

Un arrêté, en date du même jour (17 mars 1840), pris en conseil royal, posa les règles de ces nouveaux coucours.

Dans le même mois où les concours dont nous venons de parler furent établis, le Ministre prit en conseil un arrêté qui eut pour but d'appliquer aux Facultés du droit un des principaux éléments sur lequel reposait l'appréciation des juges dans les concours pour les chaires vacantes dans les Facultés de médecine. D'après cet arrêté, outre les trois épreuves pour les concours aux places de professeurs dans les Facultés de droit, il devait y avoir une épreuve spéciale consistant dans l'appréciation des titres antérieurs des candidats (ouvrages publiés et nature des services).

Une même pensée d'assimilation entre les deux Facultés de droit et de médecine vint aussi provoquer l'ordonnance du 22 mars, qui autorisait les professeurs suppléants de ces premières Facultés à ouvrir dans l'enceinte même de la Faculté, à l'exemple des agrégés des Facultés de médecine, des cours complémentaires pouvant être déclarés obligatoires.

Sur l'avis de la Commission des hautes études et du conseil de l'Université, une ordonnance royale (25 juin 1840) abolit l'usage du latin dans les épreuves orales des examens et des concours du droit romain.

Cette mesure, dont l'adoption avait été d'abord rejetée, s'appuie sur ces considérations que, dans la plupart des Facultés de droit, les dispositions qui exigent l'usage de la langue latine sont tombées en désuétude; qu'il est d'ailleurs reconnu que les examens sont plus approfondis et les argumentations plus sérieuses lorsque les candidats et les argumentants font usage de la langue française. Dans le rapport qui précède l'ordonnance, M. le ministre, en présentant les considérations dont nous venons de parler, répond à l'objection faite, la nécessité d'entretenir le goût de la bonne latinité. Il fait remarquer que le diplôme de bachelier ès-lettres et les compositions latines qui sont comprises dans les thèses pour la licence et pour le doctorat en droit, répondent suffisamment à cette objection. Il ajoutait que l'usage du latin parlé avait d'ailleurs été abandonné dans les Facultés de médecine, au grand avantage des études médicales.

La suppression du latin fut, peu de temps après, également appliquée, dans les concours, pour une chaire de droit romain ou pour une suppléance. « Il est de l'intérêt même de l'étude du droit romain, dit un des considérants de l'arrêté, que la langue nationale, qui a d'ailleurs pour caractère distinctif la précision et la clarté, soit employée. »

Une chaire d'introduction générale à l'étude du droit, réclamée depuis longtemps, fut créée le 25 juin 1840 à la Faculté de droit de Paris. Dans les autres Facultés, le professeur de code civil, chargé du cours de première année, fut invité à faire précéder son enseignement d'une pareille introduction. A défaut de ce fonctionnaire, le ministre indiqua que le nouveau cours pourrait être fait par un professeur suppléant. Ce cours est destiné à orienter en quelque sorte les jeunes étudiants dans le labyrinthe de la jurisprudence, à donner une vue générale de toutes les parties de la science juridique. Il a aussi pour but de communiquer aux étudiants, dès l'entrée de la carrière, une impulsion généreuse, d'imprimer dans leur pensée et dans leur cœur le sentiment et le respect du droit et de les intéresser à toutes les parties de la science, quelle que soit celle qu'ils se proposent de suivre un jour spécialement. La juste importance qui s'attache au grade de docteur en droit préoccupa ensuite M. Cousin qui, par une circulaire en date du 11 août 1840, prescrivit à MM. les doyens d'adresser à l'avenir, à l'autorité supérieure, un rapport spécial sur chaque soutenance. Ainsi que la circulaire le rappelait, cette mesure s'appliquait déjà utilement dans les Facultés des lettres et des sciences. Il ne pouvait y avoir qu'avantage à l'adopter également dans les Facultés de droit.

Par un arrêté en date du 1er septembre suivant, le délai d'inscription des candidats, pour les concours aux chaires vacantes, fut réduit de quarante à trente jours avant l'ouverture du concours.

L'institution récente des concours entre les élèves reçut à la même époque un éclat plus grand dans la Faculté de Paris par la donation de Mme Ve Beaumont.

L'intention de cette dame en faisant le don de 50,000 fr. à la Faculté de Paris, a été de perpétuer la mémoire d'un fils unique, enlevé par une mort prématurée à l'étude des sciences juridiques. La donation Beaumont, qui est particulière à la Faculté de Paris, consiste en des médailles et des prix annuels en faveur des élèves de cette Faculté qui se sont le plus distingués dans les concours institués par l'ordonnance royale du 17 mars 1840.

Les médailles portent, selon le vœu de la donatrice, au milieu d'une couronne d'étoiles : *Ernest Beaumont, docteur en droit, mort à 23 ans;* en exergue : *Université de France; Faculté de droit de Paris.*

M. Villemain, qui succéda à M. Cousin le 29 octobre 1840, ne perdit pas de vue les utiles améliorations qu'il avait voulu introduire dans les études de droit lors de son premier ministère. Par une circulaire en date du 20 février 1841, des renseignements furent demandés aux Facultés de droit sur le mode des examens. Le 29 juin parut un nouveau règlement sur les concours pour les chaires vacantes ou les places de suppléants ; le 6 juillet suivant une ordonnance sur les examens, et le même jour un règlement du conseil sur le même objet. Ces diverses dispositions ont établi d'abord que les examens auraient lieu à des époques fixes, déterminées par chaque Faculté au début de l'année scolaire ; elles ont introduit ensuite une épreuve écrite au deuxième examen de licence et ont maintenu formellement le délai de trois mois qui est imposé à tout candidat ajourné. Aucune disposition concernant l'étude ou l'enseignement du droit ne fut prise en 1842.

En 1843, un arrêté du conseil régla les matières du premier, du deuxième examen du baccalauréat et du deuxième examen de licence en ce qui concerne particulièrement le Code Napoléon. En 1844 (29 septembre) fut rendue l'ordonnance royale qui créait, en exécution de la loi de finances du 4 août précédent, une place d'inspecteur général des études pour les Facultés de droit.

M. de Salvandy. (Deuxième ministère, 1er février 1845.)

M. de Salvandy avait à peine pris possession, depuis quelques jours, du ministère de l'instruction publique, qu'il songea à mettre sous les yeux du roi les améliorations introduites dans les Facultés de droit par ses prédécesseurs, avec le concours si éclairé de la commission des hautes études ; il demandait à S. M. l'autorisation d'adjoindre à cette commission le nouvel inspecteur général.

De nombreuses questions offertes à l'examen des membres éminents de cette commission n'étaient pas encore résolues. Il importait d'achever ce qui avait été si heureusement commencé.

« La science des lois, disait M. de Salvandy, se lie étroitement au principe même et à tous les développements de nos institutions. Elle est un ressort également puissant de l'ordre et de la liberté. » Comparant ensuite l'état de cet enseignement dans les autres parties de l'Europe, le ministre démontrait combien il importait que l'enseignement du droit fût désormais plus approprié au besoin du temps. Le 18 novembre suivant, une ordonnance royale adjoignit trois nouveaux membres à la haute commission : M. Troplong, M. de Laboulaye, de l'Institut, et M. Laferrière ; M. Vergé, auteur d'un mémoire estimé sur l'enseignement du droit en Allemagne, fut donné comme assistant à M. l'inspecteur général Giraud, qui avait bien voulu tenir la plume dans les séances de réunion.

Le 8 juin 1846, un arrêté constitua ainsi deux des chaires de la Faculté de droit de Paris : l'enseignement de la législation criminelle et de la procédure criminelle fut détaché de la chaire alors vacante par le décès de M. de Berriat Saint-Prix, et cette chaire eut pour objet la procédure civile. L'enseignement de la légistation et de la procédure criminelle fut réuni à la chaire de législation pénale comparée, constituée depuis 1837 dans la Faculté, et qui prit le titre de chaire *de droit criminel et de législation pénale comparée.*

Ce dernier cours, en ce qui touche l'instruction criminelle et la législation pénale française, fut rendu obligatoire pour les élèves de seconde année, lesquels ont toutefois l'option, dans les limites du règlement, entre le cours ci-dessus désigné et le cours que fait le second professeur de législation criminelle et de procédure civile et criminelle.

Les élèves inscrits pour le certificat de capacité furent tenus de suivre le cours de législation criminelle et de procédure civile.

Le 13 décembre suivant, la chaire de droit public français, de la Faculté de droit de Toulouse, fut convertie en une chaire de droit criminel.

Le 22 janvier 1847, règlement sur les concours pour les chaires.

2 juillet 1839. Arrêté portant que les recteurs qui sont professeurs de Facultés ne peuvent pas exercer en même temps les fonctions de recteur et les fonctions d'examinateurs.

Motivé sur ce que les recteurs placés dans cette situation (il n'y en a pas aujourd'hui) avaient relativement aux examens une double attribution, celle d'assister aux épreuves et celle d'en contrôler le résultat, ce qui est incompatible.

31 juillet 1840. Circulaire relative à la séance annuelle des diverses Facultés.

Les Facultés se réunissent pour cette cérémonie. Le doyen de chacune d'elles rend compte des travaux de la Faculté pendant l'année écoulée. Le rapport doit indiquer le nombre des inscriptions prises, des examens subis, des grades conférés, signaler les thèses les plus remarquables, apprécier la conduite morale des étudiants, etc.

16 juin 1841. A la demande de M. le ministre de la justice, les Facultés de droit sont consultées sur un projet de loi portant réforme du régime hypothécaire (1).

22 août 1845. Arrêté portant formation d'une commission appelée à colliger les lois, décrets, ordonnances, statuts, arrêtés, règlements et circulaires qui régissaient toutes les branches de l'Université.

(1) Les travaux des Facultés rédigés avec beaucoup de soin ont été imprimés et adressés au garde des sceaux.

Cette commission était chargée de déterminer les dispositions qui avaient été abrogées, celles qui étaient tombées en désuétude, celles qui pouvaient être modifiées ou annulées, de manière à rendre à la législation universitaire l'ordre et la concordance désirables (1).

28 mars 1846. Circulaire aux recteurs siégeant près les Facultés de droit au sujet d'un rapport présenté à la chambre des députés par M. Chaix-d'Est-Ange au nom d'une commission chargée de l'examen d'une proposition de M. Roger (du Loiret) tendant à modifier plusieurs articles du Code d'instruction criminelle (2).

19 mars 1847. Présentation à la chambre des pairs d'un projet de loi sur l'enseignement du droit.

Nous nous bornerons à citer ce précieux document que le nom de M. Salvandy et l'accueil qui lui fut fait dans l'assemblée à laquelle il fut présenté rendent si recommandable. Ce projet, divisé en trois titres, comprenait dix-neuf articles.

Il y a lieu de faire remarquer que ce projet, en conservant pour les études de baccalauréat le même temps qu'aujourd'hui, augmentait d'un an les études de la licence. Il supprimait le certificat de capacité, obligeait, comme on l'a décidé depuis, à l'assiduité aux cours de la Faculté des lettres, supprimait les suppléants et créait des agrégés. L'article 9 maintenait les concours pour l'agrégation et pour les chaires, mais étendait le droit du ministre en lui permettant de nommer directement à toute chaire vacante, à Paris, un membre de l'Institut, ou un professeur de Faculté des départements, et pour le même cas, dans les Facultés des départements un professeur d'une autre Faculté. Il pouvait aussi autoriser les permutations dans une même Faculté. L'article 18 réservait à des règlements tout ce qui concerne la discipline et les études.

25 octobre 1847. Circulaire rappelant les dispositions qui règlent l'époque de la rentrée des Facultés, la clôture du registre d'inscriptions qui alors devait avoir lieu le 6 novembre au soir, et qui a été

---

(1) Un premier travail de cette commission sur les dispositions réglementaires formant le titre 1er de l'organisation de l'Université a été approuvé par M. de Salvandy. Le rapport est dû à M. Lesieur, aujourd'hui chef de la première division, qui a présidé la commission en remplacement de M. Ravaisson, empêché.

(2) Le garde des sceaux, en demandant que les Facultés de droit fussent consultées à ce sujet, rappelait les excellents travaux que les Facultés avaient déjà fournis pour le projet de loi sur la réforme du régime hypothécaire.

reportée comme précédemment au 15 novembre, ainsi que le veut le statut du 9 avril 1825.

18 octobre 1847. Arrêté qui autorise les recteurs à statuer directement sur certaines demandes d'étudiants, telles que le changement d'Académie, l'autorisation de prendre une inscription au trimestre de janvier.

Une circulaire du 26 décembre 1850 a rappelé aux recteurs les dispositions de cet arrêté.

Révolution de 1848.

Arrêté du 8 septembre 1848. Cet arrêté porte que la distribution des prix dans les Facultés de droit, pourra être fixée à une autre séance que celle de rentrée, en vertu de délibérations des Facultés approuvées par les recteurs, sans que jamais cette solennité puisse toutefois être renvoyée au delà du 1er janvier.

L'année 1848, dont je viens de parler, vit déclarer vacante la chaire de droit constitutionnel français confiée à l'infortuné M. Rossi. L'arrêté signé Carnot était motivé sur ce que la chaire dont il s'agissait n'avait pas été occupée par le titulaire depuis le 24 février, bien que le motif de service public, qui justifiait l'absence du professeur, n'existât plus (1).

6 juillet 1849. Avis du conseil approuvé par le ministre (M. de Falloux) portant que l'assemblée des Facultés de droit se compose de professeurs titulaires; que néanmoins rien ne s'oppose à ce que la Faculté appelle des suppléants à ses assemblées, même avec une voix délibérative, quand elle estime que le bien du service l'exige, par exemple lorsque les suppléants ont été nommés membres d'une commission chargée d'apprécier les compositions des concours annuels entre les étudiants, ou quand il s'agit d'un enseignement dont ils sont chargés.

12 juillet 1849. Institution d'une commission chargée de préparer un projet de loi sur l'enseignement supérieur (2).

---

(1) On sait que M. Rossi, ambassadeur français à Rome au moment de la Révolution, était devenu ministre de Pie IX, et tout le monde connait sa fin funeste et glorieuse.

(2) Dans la séance du 20 juillet 1850 de l'Assemblée nationale, M. le ministre de l'intérieur fut interpellé par M. de Vatimesnil sur le travail de cette commission. Le ministre répondit qu'elle ferait double emploi avec le nouveau conseil de l'instruction publique (nommé après la promulgation de la loi du 15 mars 1850) qui aurait à préparer la loi demandée.

illet 1849. Règlement qui détermine les matières d'un concours.

15 mars 1850. Loi relative à l'enseignement adoptée par l'assemblée législative.

L'art. 85 de cette loi porte que jusqu'à la promulgation de la loi sur l'enseignement supérieur, le conseil supérieur de l'inscription publique et la section permanente, selon leur compétence respective, exerceraient, à l'égard de cet enseignement, les attributions qui appartenaient au conseil de l'Université, et les nouveaux conseils académiques, les attributions qui appartenaient aux anciens.

25 mars 1850. Les thèses de doctorat peuvent être soutenues dans l'intervalle des sessions. (Voir ce que nous disons plus loin à ce sujet.)

16 mai 1850. Règlement relatif aux concours dans les Facultés de droit.

19 octobre 1850. Circulaire sur les prix annuels dans les Facultés de droit. Elle rappelle à l'exécution du règlement de 1840 et interdit les prix *ex æquo.*

5 décembre 1850. Arrêté relatif aux examens du doctorat. Le candidat choisira librement sa thèse. Nul ne sera reçu s'il n'obtient trois boules blanches. Tout candidat qui aurait deux boules noires est refusé.

Ce règlement, qui est dû à M. de Parieu (1), aujourd'hui vice-président du conseil d'État, membre de l'Institut, a pour but, comme nous l'avons dit ailleurs, de donner, à l'épreuve du doctorat, le caractère scientifique que la loi organique du 22 ventôse, an XII, et le décret du quatrième complémentaire de la même année, n'avaient pas assez nettement défini. Le nouveau règlement créa, par son article 1er, une importante innovation en supprimant le tirage au sort de la question qui doit faire l'objet de la thèse et en laissant au candidat la liberté de choisir le sujet qu'il lui convient de traiter. L'expérience avait déjà démontré, dans les Facultés des lettres et des sciences, l'avantage de ce système. L'article 2 fixa plus nettement le caractère scientifique de l'épreuve du doctorat, en imposant au candidat l'obligation de joindre à la dissertation au moins quatre propositions sur l'histoire et les difficultés du droit

---

(1) M. de Parieu est docteur de la Faculté de droit de Paris (voir page 68).

romain, trois propositions sur l'histoire et les difficultés du droit français, deux sur le droit criminel et deux sur le droit des gens ou sur les autres branches du droit public. Une circulaire, en date du 14 décembre suivant, appela l'attention spéciale des recteurs sur cet arrêté. Le ministre insistait également sur la haute importance qu'il attachait aux épreuves du doctorat.

29 janvier 1851. Circulaire recommandant aux recteurs de n'appuyer qu'avec une extrême réserve les demandes d'inscription rétroactives.

28 février 1851. Liste chronologique et officielle des ouvrages pour l'enseignement supérieur et secondaire approuvés de 1802 au 1er septembre 1850.

Le nombre de ces ouvrages est de 1,719.

8 avril 1851. Décision portant qu'à l'avenir les thèses de licencié et de docteur en droit recevront le visa du recteur après examen du professeur présidant à la soutenance, comme cela a lieu pour le doctorat en médecine.

Constitution de 1852.

9 mars 1852. Ce décret dont nous avons rappelé plus haut les dispositions a changé le mode de nomination des professeurs de Faculté et réglé la discipline du ministre à l'égard de ces fonctionnaires. — Il a rendu un inspecteur-général à l'ordre du droit (1).

Décret du 10 avril 1852. L'article 13 oblige les étudiants des Facultés de droit à se faire inscrire à deux cours de la Faculté des lettres; l'article 14 veut que les programmes détaillés des cours professés dans les Facultés des lettres soient soumis annuellement par le recteur, avec l'avis de la Faculté au ministre; l'article 15 impose aux professeurs de s'assurer par des appels ou par tout autre moyen de l'assiduité de leurs auditeurs.

20 avril 1852. Circulaire relative aux étudiants des Facultés. Les doyens des Facultés de droit sont tenus d'adresser aux familles des étudiants un bulletin contenant l'état des inscriptions prises et des examens subis pendant le cours d'un semestre. Ils doivent y joindre leurs

(1) En 1848, le nombre des inspecteurs généraux fut réduit de 14 à 12. La réduction porta sur l'inspection générale du droit et de la médecine.

observations particulières sur l'assiduité aux divers cours obligatoires, sur la manière dont les examens auront été subis, sur la conduite de l'étudiant dans l'intérieur et au dehors de l'école.

« J'attache la plus grande importance, dit M. le ministre, à ce que ces prescriptions imposées dès le 19 mars 1807 dans l'instruction générale pour les écoles de droit, rappelées et étendues aux autres écoles par l'arrêté du 26 octobre 1838, mais qui n'ont jamais été sérieusement exécutées, soient immédiatement mises en vigueur. »

29 octobre 1852. Arrêté portant que les étudiants des Facultés, qui sont astreints à suivre le cours d'une Faculté des lettres, doivent prendre des inscriptions.

Même date. Circulaire à ce sujet aux recteurs. On devra ouvrir dans les Facultés des lettres un registre et délivrer, s'il y a lieu, des certificats d'assiduité sans lesquels un étudiant ne pourra subir ses examens dans la Faculté de droit.

Règne de Napoléon III.

8 décembre 1852. Décret portant création d'une chaire d'Institutes de Justinien; cette chaire a été, aux termes du décret, substituée dans la Faculté de droit de Paris à la chaire de droit constitutionnel qui fut ainsi supprimée.

Dans le rapport adressé à l'empereur pour obtenir la création de cette chaire, on trouve la pensée de l'arrêté du 4 février suivant, qui a donné aux chaires d'Institutes et de Pandectes des Facultés de droit de l'empire le titre de chaires de droit romain, et dont nous parlerons tout à l'heure.

La science du droit romain, ainsi que disait M. le ministre (M. Fortoul), grâce à des découvertes inespérées et à de patientes recherches, a accompli depuis quarante ans des progrès que l'enseignement s'efforce de mettre à la portée des élèves de nos écoles. Une seule année, la première du cours, avait été jusqu'alors régulièrement consacrée dans les Facultés des départements à l'exposition des principes et des formes du droit romain. Il fallait faire disparaître cet inconvénient, ce qui ne pouvait être qu'en partageant en deux années et en faisant commenter dans deux cours successifs les Institutes par les textes du Digeste, du Code et des Novelles. Cette amélioration fut doublement introduite dans la Faculté de Paris et par la création de la chaire d'Institutes de Justinien et par la nomination du savant éminent qui fut appelé à l'occuper (1).

24 décembre 1852. Décret sur le costume des fonctionnaires du ministère de l'instruction publique.

4 février 1853. Institution de chaires de droit romain. M. Fortoul avait préludé aux dispositions de cet arrêté en soumettant, à la signature de l'empereur, le décret du 8 décembre que nous venons de rapporter. Aux termes de cet arrêté, les chaires d'Institutes et de Pandectes prirent le titre de chaires de droit romain. Cet enseignement fut divisé en deux années. L'article 4 dispose : 1° que l'examen de droit romain, pour le baccalauréat, porte sur les deux premiers livres des Institutes développées et complétées par des textes choisis dans le Digeste, le Code et les Novelles; 2° l'examen pour la licence porte sur les quatre livres. L'article 5 organise, spécialement pour ceux des aspirants qui n'ont pas encore subi le premier examen de docteur, des conférences sur les Pandectes. L'article 6 oblige l'aspirant au doctorat à choisir, dans le droit romain, une des deux dissertations spéciales.

Cette dernière disposition avait pour but de faire disparaître, des compositions destinées à justifier le grade le plus élevé, une lacune qui devenait de plus en plus apparente par la funeste habitude qu'avaient prise les candidats d'éluder une condition qui leur en était faite par les règlements.

Par un autre arrêté en date du même jour, les premiers et seconds cours de Droit romain furent organisés dans les neuf Facultés. En transmettant, le 10 février suivant, ces arrêtés aux recteurs, M. Fortoul disait : « La réforme à laquelle je me félicite d'avoir mis la dernière main est moins une innovation qu'un retour honorable et nécessaire aux traditions consacrées par les fondateurs de l'érudition française. »

7 mars 1853. Établissement de l'enseignement triennal des Facultés des lettres.

Mesure prise sur cette considération que les étudiants des Facultés de droit, étant astreints, par le décret du 10 avril 1852, à suivre, pendant trois ans, les cours des Facultés des lettres, il convenait de

(1) M. Giraud, ancien ministre, membre de l'Institut.

fixer aussi à trois années la durée totale de l'enseignement littéraire, et de diviser en trois parties correspondant à ces trois années les matières de ces différents cours.

Deux circulaires furent adressées à ce sujet aux recteurs.

14 juin 1854. Loi sur l'administration de l'instruction publique par laquelle il est substitué seize académies aux quatre-vingt-six qui existaient en vertu de la loi du 15 mars.

La loi du 14 juin intéresse les Facultés de droit :

1° En ce qu'elle nomme le doyen, membre de droit du conseil académique, lequel conseil est appelé à donner son avis sur les questions d'administration, de finances ou de discipline qui intéressent les colléges, les lycées et les établissements d'enseignement supérieur ;

2° Ainsi que nous l'avons rapporté, en ce qu'elle crée pour les établissements d'enseignement supérieur un service spécial subventionné par l'État ;

3° En prescrivant que des décrets, rendus en la forme des règlements d'instruction pratique, détermineront le tarif des droits à acquitter dans les Facultés, les conditions d'âge, sans qu'il puisse être dérogé à l'article 63 de la loi du 15 mars 1850 (1).

18 juillet 1854. Décret sur l'organisation de l'administration centrale, par lequel est organisée la division de l'enseignement supérieur, qui a dans ses attributions le personnel et le matériel des Facultés de droit.

22 août 1854. Décret sur l'organisation des académies.

Même date. Décret sur le régime financier des établissements d'enseignement supérieur.

Nous mentionnons quelques-unes des dispositions de ces décrets qui concernent les Facultés. Nous nous bornerons à rappeler ici les principaux points.

---

(1) Voici l'article 63 de cette dernière loi :

« Aucun certificat d'études ne sera exigé des aspirants au diplôme de bachelier ou au brevet de capacité.

« Le candidat peut choisir la Faculté ou le jury devant lequel il subira son examen.

« Un candidat refusé ne peut se présenter avant trois mois à un nouvel examen, sous peine « de nullité du diplôme ou brevet indûment obtenu. »

Décret sur l'organisation des Académies.

1° Maintien des Facultés dans les villes où elles sont établies;

2° Condition à remplir pour être nommé professeur dans une Faculté;

3° Suppléance dans les Facultés par des agrégés;

4° Maintien du concours pour l'agrégation des Facultés;

5° Mobilisation des agrégés;

6° Droits réservés des anciens suppléants;

7° La direction et la surveillance des établissements d'enseignement supérieur sont confiées au recteur, qui les dirige et les surveille personnellement, soit par lui-même, soit avec le concours des inspecteurs;

8° Création du comité de perfectionnement des Facultés;

9° Condition imposée aux Facultés de délibérer, sous la présidence du recteur, sur les programmes particuliers de chaque cours, et de les coordonner pour être ensuite transmis au ministre;

10° Création d'inspecteurs au chef-lieu de l'académie de Paris, dont quatre sont spécialement attachés aux Facultés de droit, de médecine, des sciences et des lettres.

Décret sur le régime de l'enseignement supérieur.

Ce décret détermine :

1° La nature des recettes de la caisse de l'enseignement supérieur;

2° La forme dans laquelle les droits seront acquittés;

3° Les conditions d'équivalence des grades étrangers;

4° Les conditions de remises de droits;

5° Le prix des duplicata de diplômes;

6° Faculté donnée aux étudiants en droit de remplacer un des deux cours de la Faculté des lettres par un cours à la Faculté de théologie ou à la Faculté des sciences;

7° La fixation du tarif des droits à acquitter.

9 novembre 1854. Circulaire aux recteurs concernant les rapports mensuels.

27 décembre 1854. Instruction sur l'exécution du décret du

22 août 1854, en ce qui concerne le régime financier des établissements d'enseignement supérieur.

Même date. Instructions aux préfets pour le nouveau mode de comptabilité concernant le service de l'enseignement supérieur.

10 janvier 1855. Organisation des conférences dans les Facultés de droit établies en conformité de l'article 2 du décret du 22 août 1854. Elles sont confiées à des suppléants, et, à leur défaut, dit l'arrêté, à des professeurs.

Dans la circulaire en date du même jour, qui accompagnait cet arrêté, le ministre disait : « Féconder par le travail personnel des élèves les leçons données du haut de la chaire; habituer les étudiants à tirer des conséquences logiques des principes qui font l'objet de l'enseignement, et à saisir les diverses applications de ces principes; exercer les jeunes gens par des interrogations fréquentes; développer leur pensée et à répondre aux examens : tel est le but des conférences de droit. »

3 février 1855. Circulaire aux recteurs sur le Comité de perfectionnement de l'enseignement supérieur.

Le ministre insiste pour que ces réunions aient lieu régulièrement. Elles intéressent au plus haut point, disait M. Fortoul, le progrès des hautes études.

30 mai 1855. Arrêté par lequel un prix de 300 fr., consistant en une médaille d'or, est fondé au sein de l'Académie de législation de Toulouse entre les lauréats des Facultés.

Cet arrêté fut pris sur la proposition de M. l'inspecteur général Laferrière, alors délégué dans les fonctions de recteur de l'académie de Toulouse (1).

19 juin 1855. Nomination d'une commission chargée de rechercher les meilleurs moyens de réaliser et de généraliser l'enseignement élémentaire du droit (2).

9 juillet 1855. Circulaire relative aux étudiants en droit qui désirent se pourvoir du grade de licencié ès-lettres.

Afin d'encourager les jeunes gens laborieux qui désireraient don-

(1) A la suite du concours qui eut lieu en 1856, la médaille d'or donnée par le ministre de l'instruction publique a été obtenue par M. Arnault de Guenyveau, de la Faculté de droit de Poitiers.

(2) Cette commission se composait de MM. Troplong, président, Portalis, de Royer, Delangle, Laferrière, Sevin et Pellat; elle avait été créée sur un projet adressé à M. Fortoul par M. l'avocat général Sevin.

ner à cette partie de leurs études une sanction plus haute que celle du certificat d'assiduité, il est permis de faire compter pour l'admission aux examens de la licence ès-lettres les inscriptions prises conformément aux prescriptions du 10 avril 1852.

20 décembre 1855. Statut sur l'agrégation des Facultés.

L'article 10 du décret du 22 août exigeait que les agrégés fussent nommés au concours. Ce statut avait été rendu conformément à cette disposition. Il en a été fait une première application au mois de novembre 1856 pour le droit et la médecine ; mais l'expérience acquise ayant exigé de légères modifications afin de donner plus de rapidité aux opérations du concours, un nouveau règlement cité plus loin est intervenu. Il fait donc loi aujourd'hui.

13 août 1856. M. Rouland, procureur-général près la Cour impériale de Paris, est nommé ministre de l'instruction publique et des cultes.

19 août 1857. Statut sur l'agrégation des Facultés.

Les dispositions du nouveau statut, qui s'appliquent spécialement aux Facultés de droit, en dehors des dispositions communes à l'agrégation dans les autres ordres de Facultés, sont les suivantes :

Le nombre des agrégés en exercice ne peut, dans chaque Faculté de droit, excéder la moitié du nombre des professeurs titulaires ;

Durée des fonctions fixée à dix ans ; renouvellement par moitié tous les cinq ans ;

Division des agrégés en trois sections :

Section du droit romain ;

Section du droit civil et criminel ;

Section du droit administratif et commercial.

Les épreuves préparatoires des concours consistent :

Dans l'appréciation des services et des travaux antérieurs des candidats ;

Dans une composition écrite en latin sur une question de droit romain ;

Dans une leçon orale de trois quarts d'heure au plus, faite après quatre heures de préparation libre, sur un sujet emprunté à l'ordre d'enseignement pour lequel le candidat s'est inscrit.

Sept heures sont accordées pour la composition. Elle a lieu dans une salle fermée et sous la surveillance d'un membre du jury. Les concurrents ne peuvent correspondre au dehors ni se procurer d'autres secours que les textes du droit romain et des lois françaises.

Les compositions sont lues, en séance publique, par les candidats qui les ont rédigées et sous le contrôle d'un des juges.

Les épreuves définitives consistent en deux leçons orales et en deux argumentations.

Les deux leçons orales sont faites après vingt-quatre heures de préparation libre. Le sujet de la première est emprunté au Code Napoléon, celui de la seconde à l'ordre d'enseignement pour lequel le candidat s'est inscrit.

Chaque leçon dure trois quarts d'heure.

Chaque candidat soutient deux argumentations: l'une sur un titre du Digeste, l'autre sur des textes empruntés à l'ordre d'enseignement pour lequel il s'est fait inscrire.

Il a connaissance des sujets d'argumentation qui lui sont échus six jours francs avant celui où il soutient l'épreuve.

La durée de chaque argumentation est d'une heure et demie, et se partage également entre les argumentants, qui sont au nombre de deux ou de trois, suivant les cas.

Depuis le statut du 19 août 1857, il n'a été rien fait concernant les Facultés de droit, mais l'intérêt particulier que S. E. M. Rouland porte à la science juridique, permet de supposer que, sous son administration, l'enseignement du droit recevra toutes les améliorations que l'expérience acquise depuis 1804 peut réclamer de ses lumières et de sa haute sagesse.

LISTE GÉNÉRALE

DES DOCTEURS

ADMIS PAR LES FACULTÉS DE DROIT DE L'EMPIRE,

DEPUIS LE 20 NOVEMBRE 1806 JUSQU'AU 1er JANVIER 1857 (1).

(1) La liste des docteurs admis depuis le 1er janvier 1857 sera insérée annuellement, avec l'indication des sujets de thèses, dans la *Revue historique du droit français et étranger* qui se publie chez l'éditeur de la présente notice. En donnant les noms des docteurs, la *Revue historique* aura ainsi un rapprochement de plus avec *la Thémis*, ce recueil qui fut, il y a trente-sept ans, dans notre pays, le premier organe spécial et périodique de la science du droit et dont la *Revue* est la véritable continuation.

DOCTORAT EN DROIT.

PREMIÈRE PARTIE.

RÉCEPTIONS DE 1806 A 1850.

(La 2e partie contient la nomenclature des réceptions de 1851 à 1856, avec l'indication des matières des thèses soutenues par les candidats admis dans les six dernières années.)

ANNÉE 1806.

Faculté de droit de Paris.

DUPIN, André-Marie-Jean-Jacques (1), de Warsy (Nièvre).
Admis le 20 novembre 1806.

COFFINIÈRES, Antoine-Siméon-Gabriel (2), de Castelnaudary (Aude).
Admis le 20 novembre 1806.

Faculté de droit de Dijon.

LOISEAU, Jean-Simon (3), de Frasnes (Doubs).
Reçu le 27 août 1806.

JACQUOT-MEREY, Marcelin, Thérèse-Léonard, de Besançon (Doubs).
Admis le 27 août 1806.

---

(1) Ancien procureur général à la Cour de cassation, ancien président de la Chambre des Députés et de l'Assemblée législative.

(2) Jurisconsulte au ministère d'État, ancien avocat à la Cour de cassation.

(3) Ancien avocat à la Cour de cassation.

Bouchard, Henry, de Villy, près Viteaux (Côte-d'or).
Admis le 30 août 1806.

Jacquinot, Claude-François-Joseph-Catherine, de Dijon (Côte-d'Or).
Admis le 30 août 1806.

ANNÉE 1807.

Faculté de droit de Paris.

Persil, Jean-Charles (1), de Condom (Gers).
Admis le 17 février 1807.

Souchard, Alexandre, d'Aubusson (Creuse).
Admis le 20 août 1807.

Dussans, Jean-Marie, d'Estranges (Gers), né le 21 janvier 1776.
Admis le 29 août 1807.

Faculté de droit de Toulouse.

Furgole, Casimir (2), de Toulouse (Haute-Garonne).
Admis le 28 août 1807.

Faculté de droit d'Aix.

Bernard, Jean-Baptiste-Antoine-Tranquille (3).

Faculté de droit de Grenoble.

Albriet, François, né aux Chapelles (Mont-Blanc).
Admis le 28 août 1807.

Albrieux, Joseph, né à Saint-Jean de Maurienne (Mont-Blanc).
Admis le 28 août 1807.

Faculté de droit de Caen.

Dupont-Longris, Auguste-Alexandre.
Admis le 6 août 1807.

---

(1) Ancien ministre de la justice et ancien président de la commission des monnaies, aujourd'hui conseiller d'État.

(2) Professeur à la Faculté de droit de Toulouse.

(3) Ancien doyen de la Faculté de droit d'Aix (décédé).

Le Cerf, Pierre-Louis (1).
Admis le 8 août 1807.

ANNÉE 1808.

Faculté de droit de Paris.

Dessaix, Jean-François-Aimé, de Thonon (département du Léman).
Admis le 15 décembre 1808.

Faculté de droit de Strasbourg.

Bloechel, Philippe-Jacques (2).
Admis le 16 juin 1808.

Faculté de droit de Poitiers.

Picauld, Julien, de Poitiers.
Admis le 9 avril 1808.

Faculté de droit de Caen.

Verrier, Éliacin-Jacques.
Admis le 23 août 1808.

Lehot-Duferraye, Charles-Pierre-Jacques.
Admis le 26 août 1808.

Faculté de droit de Turin.

Odetti, Félix-Philippe-Jean, de Crescentino (département de la Sesia).
Admis en 1808.

Porta, Jean-Baptiste-Benoît-Étienne-Gabriel, d'Acqui (département de Montenotte).
Admis le 22 juin 1808.

ANNÉE 1809.

Faculté de droit de Turin.

Pollotti Zumaglia, Félix-Joseph-Jean-Benoît-Second, de Salmes (département de la Stura).
Admis le 21 décembre 1809.

---

(1) Ancien professeur à la Faculté de droit de Caen.
(2) Ancien professeur à la Faculté de droit de Strasbourg.

Petiti, Philippe-Marie-Joachim, de Turin (département du Pô).
Admis le 10 juin 1809.

Trevisi, Joseph-Marie, de Tortone (département de Gênes).
Admis le 2 août 1809.

Alby, Joseph, d'Issime (département de la Done).
Admis le 30 novembre 1809.

Como, Joseph-Marie-Anaclet, d'Alba (département de la Stura).
Admis le 23 novembre 1809.

Filliard, Joseph-François, de la Briolle (département du Mont-Blanc).
Admis le 23 novembre 1809.

Sage, Jean-Philippe, de Moutiers (département du Mont-Blanc).
Amis le 23 novembre 1809.

Massaris, Louis-Pie-Félix, de Verceil (département de la Sesia).
Admis le 31 août 1809.

Faculté de droit de Paris.

Baron du Taya, Aimé-Marie-Rodolphe, de Quintin (Côtes-du-Nord).
Admis le 26 août 1809.

Faculté de droit de Toulouse.

Lesueur-Perès, Joseph-Auguste, de Condom (Gers).
Admis le 12 juillet 1809.

Auziès, Jean-Charles, de Saint-Ourt (Ariége).
Admis le 15 décembre 1809.

Faculté de droit de Rennes.

Bidault, Jean-Baptiste-Joseph, de Plumangat (Côtes-du-Nord).
Admis le 19 juillet 1809.

De la Bigne Villeneuve, Augustin (1), de Ploërmel (Morbihan).
Admis le 8 août 1809.

---

(1) Ancien professeur à la Faculté de droit de Rennes.

Faculté de droit de Grenoble.

Ducros, Jean-François, de Six (département du Léman).
Reçu le 30 novembre 1809.

Faculté de droit de Caen.

Chemin Dupré, Daniel-Joseph-Dominique, de Vire (Calvados).
Reçu le 14 décembre 1809.

Faculté de droit de Poitiers.

Liége Diray, Joseph, de Châtellerault (Vienne).
Admis le 25 août 1809.

ANNÉE 1810.

Faculté de droit de Paris.

De Perrot, Auguste-Charles-François, de la principauté de Neufchâtel.
Reçu le 11 janvier 1810.

Faculté de droit de Grenoble.

Morand de Jouffrey, Aimé-Jean-Jacques, de Lyon (Rhône).
Reçu le 2 avril 1810.

Massonet, Pierre-Jean-Antoine, de Montmirail (Drôme).
Reçu le 1er août 1810.

Planel, Emmanuel-Jean-Baptiste-Arnulphe, de Valence (Drôme).
Reçu le 21 août 1810.

Faculté de droit de Bruxelles.

Ernst, Jean-Gérard-Joseph, d'Aubel (département de l'Ourte).
Reçu le 15 juin 1810.

Delefosse-Melchiade, Joseph, de Sanghien (Nord).
Reçu le 11 juillet 1810.

Bouly de Lesdain, Alexandre-Joseph, de Valenciennes (Nord).
Reçu le 26 juillet 1810.

Faculté de droit de Rennes.

Lemoine de la Giraudais, Joseph-Marie-Denis, de Fougères (Ille-et-Villaine).
Reçu le 4 juillet 1810.

LE GALL, Nicolas-Joseph-Marie, d'Auroy (Morbihan).
Reçu le 30 décembre 1810.

Faculté de droit de Turin.

LEOTARDI, Joseph-Antoine, de Thierry (département des Alpes-Maritimes).
Reçu le 29 mai 1810.

BORGÉ, Jean-Joseph de Saint-Jean-de-Maurienne (département du Mont-Blanc).
Admis le 10 juillet 1810.

MELYSANO, Jacques-Antoine-Venance-Louis, de Borgomaro (département de Montenotte).
Admis le 30 juin 1810.

ROVERETI-RIVANAZZANO, Louis-Antoine-Gaétan-Joseph-Marie-Vincent, de Tortona (département de Gênes).
Admis le 28 juin 1810.

SALIS, Pierre-Paul-Gaétan, d'Alexandrie (département de Marengo).
Admis le 30 juin 1810.

DONNIZZOTTI, Dominique-Jean-Baptiste-Louis, de Lucedio (département de la Sesia).
Admis le 31 juillet 1810.

POLLANI, Jean-Baptiste-Esprit, de Moretto (département de la Stura).
Admis le 29 juin 1810.

GUASTALLA, Donat, de Turin (département du Pô).
Admis le 13 août 1810.

DURANDI, Évase-Gaétan-Fauste-Marie, de Turin (département du Pô).
Admis le 13 juillet 1810.

BIOLETTI, Jean-Bernard-Victor, de Mervenile (département du Pô).
Admis le 3 juillet 1810.

COSTA, Charles-Joseph-Louis, de Sainte-Agathe (département de Gênes.
Admis le 26 juin 1810.

Faculté de droit de Toulouse.

ESTAQUE, Jean-Pierre, de Castillon (Ariége).
Admis le 6 décembre 1810.

Faculté de droit de Poitiers.

ROBOUAM, Joseph, de la Forêt-sur-Sèvres (Deux-Sèvres).
Admis le 8 août 1810.

ANNÉE 1811.

Faculté de droit de Paris.

PETIT, Alexandre-Marie, de Paris (Seine).
Admis le 12 janvier 1811.

FAURE, Joseph-Désiré-Félix, de Grenoble (Isère).
Admis le 6 mars 1811.

DUCAURROY, Adolphe-Marie (1), d'Eu (Seine-Inférieure).
Admis le 9 mars 1811.

HOUDAILLE, Marie-Pierre-Vallery, d'Avallon (Yonne).
Admis le 11 mars 1811.

DEMANTE, Antoine-Marie (2), de Paris (Seine).
Admis le 21 mars 1811.

DESPINE, Jean-Baptiste-Humbert, d'Annecy (département du Mont-Blanc).
Admis le 21 mai 1811.

MARTIN, Nicolas-Ferdinand-Marie-Louis-Joseph (3), de Douai (Nord).
Admis le 20 novembre 1811.

ROSSET, Noël, d'Annecy (département du Mont-Blanc).
Admis le 5 décembre 1811.

COTTE, de Riez (Basses-Alpes).
Admis le 31 décembre 1811.

Faculté de droit de Toulouse.

VILLA, Jean-Antoine, de Rhodez (Aveyron).
Admis le 22 juillet 1811.

---

(1) Décédé professeur à la Faculté de droit de Paris.
(2) Professeur du Code Napoléon à la Faculté de droit de Paris.
(3) Ancien ministre de la justice.

Faculté de droit de Rennes.

HARDY, Yves-Louis-Aubin, de Rennes (Ille-et-Villaine).
Admis le 3 janvier 1811.

LE GUÉ, Prosper-François, de Rennes (Ille-et-Villaine).
Admis le 30 avril 1811.

Faculté de droit de Poitiers.

DUBRAC, Claude-Orsenne, de Saint-Benoist du Sault (Indre).
Admis le 18 janvier 1811.

DAGUIN, Joseph, de Poitiers (Vienne).
Admis le 21 février 1811.

TEILLET, Pierre, de Saint-Junien (Haute-Vienne).
Admis le 10 août 1811.

Faculté de droit de Strasbourg.

THIERIET, Marie-Jean-Charles (1), de Nancy (Meurthe).
Admis le 17 janvier 1811.

Faculté de droit de Dijon.

MORELOT, Louis-Romain (2), de Beaune (Côte-d'Or).
Admis le 22 février 1811.

Faculté de droit de Coblentz.

KEHRMANN, Arnauld-Guillaume, de Coblentz (département du Rhin et Moselle).
Admis le 4 avril 1811.

Faculté de droit de Turin.

AUDIFFREDI, André-Nicolas, de Vernante (département de la Stura).
Admis le 30 janvier 1811.

BUSSI, Victor-Antoine-Louis, de Quiers (département du Pô).
Admis le 14 mars 1811.

---

(1) Professeur à la Faculté de droit de Strasbourg.
(2) Doyen de la Faculté de droit de Dijon.

Bergrano, Joseph-Dominique, d'Oneille (département de Montenotte).

Jordan, Marie-Hyacinthe, de Thonon (département du Léman).
Admis le 12 décembre 1811.

Faculté de droit de Bruxelles.

De Coster, Henri-Ferdinand, de Steynockerzeel (département de la Dyle).
Admis le 17 août 1811.

Faculté de droit de Grenoble.

Cuynat, Louis-Alexandre, de Bourg-d'Oisans (Isère).
Admis le 31 août 1811.

ANNÉE 1812.

Faculté de droit de Grenoble.

Girerd Bolland, Augustin (1), de Corbelins (Isère).
Reçu le 11 janvier 1812.

Faculté de droit de Dijon.

Guillemin, Nicolas-Alexandre, de Châtillon-sur-Seine (Côte-d'Or).
Reçu le 4 juillet 1812.

Faculté de droit de Strasbourg.

Rauter, Jacques-Frédéric (2), de Strasbourg (Bas-Rhin).
Reçu le 16 juillet 1812.

Faculté de droit de Toulouse.

Jouvent, Marie-Louis-Prosper, de Montagnac (Hérault).
Reçu le 31 juillet 1812.

Verdier, Guillaume-Claude-Henri-Louis, de Lézignan (Aude).
Reçu le 7 juillet 1812.

Peyre-Cadias, Jean-François-Louis, de Saint-Affrique (Aveyron).
Reçu le 8 juillet 1812.

---

(1) Professeur de procédure civile à la Faculté de droit de Grenoble.

(2) Décédé doyen de la Faculté de droit de Strasbourg.

Faculté de droit de Poitiers.

GENNET, Jean-Baptiste (1), de Poitiers (Vienne).
Reçu le 31 août 1812.

Faculté de droit d'Aix.

DE LA BOULIE, Esprit-Joseph-Balthazard, d'Aix (Bouches-du-Rhône).
Reçu le 25 juillet 1812.

Faculté de droit de Coblentz.

LONGARD, Jean-Népomucène, de Coblentz (département du Rhin et Moselle).
Reçu le 29 août 1812.

Faculté de droit de Paris.

DURANTON, Alexandre (2), de Cusset (Allier).
Reçu le 21 janvier 1812.

GUÉRIN, Louis-Gabriel-Nicolas, de Mamers (Sarthe).
Reçu le 7 juillet 1812.

LEFEBVRE, François-Marc, de Paris (Seine).
Reçu le 26 août 1812.

GRONARDTY-GROUARD, Jean-François, de Plancourt (Eure).
Reçu le 31 août 1812.

GILLON, Jean-Landry, de Nubecourt (Meuse).
Reçu le 31 août 1812.

GIRESSE, Jean-Élie, de Buzas (Gironde).
Reçu le 31 août 1812.

CALLANDE DE CLAMECY, Claude-Victor, de Bourges (Cher).
Reçu le 28 août 1812.

Faculté de droit de Turin.

COLOMBO, Joseph-Louis-Octave, de Castagnole de Montferrat (département de Marengo).
Reçu le 3 juillet 1810.

---

(1) Ancien doyen de la Faculté de droit de Poitiers.

(2) Ancien professeur de Code Napoléon, à la Faculté de droit de Paris.

Abecclesia (soit Chiesa Abbiati), Charles-Joseph-Marie, de Rivanazzano (département de Gênes).
Reçu le 28 février 1811.

Bella, Paul-Dominique-François-Julien, de Carris (département de la Stura).
Reçu le 29 juin 1811.

Bicchi, Maurice-Placide-Marie, de Alexandre (département de Marengo).
Reçu le 17 juillet.

Poesca, Louis-Pie-François, de Nice (département des Alpes-Maritimes).
Reçu le 10 juillet.

Cresto, Charles-Jean-Baptiste-Nicolas, de Turin (département du Pô).
Reçu le 14 juillet.

Demarchi, Gaétan-François, de Zubiena (département de la Sesia).
Reçu le 27 juin.

Coppa, Joseph-Michel-Marie, de Bielle (département de la Sesia).
Reçu le 22 juin.

Perretti, Jean-Michel-Louis, d'Osasio (département du Pô).
Reçu le 25 juin.

Maffey, Félix-Marie-Modeste, de Bra (département de la Stura).
Reçu le 21 août.

Luria, Michel, de Lajal (département de Marengo).
Reçu le 29 juillet.

Rocci, Joseph-Bernard-Louis-Maximilien-Marie, de Turin (département du Pô).
Reçu le 29 juin.

Averardi, Maurice-Marie-Nicolas-Louis-Prosper, de Turin (département du Pô).
Reçu le 17 juillet.

Dompé, Pierre-Antoine, de Lequio de Piémont (département de la Stura).
Reçu le 23 juin.

Palucchi, Jean-Marie-André-Louis, de Turin (département du Pô).
Reçu le 29 août.

ANNÉE 1813.

Faculté de droit de Paris.

MONTAUBRICQ, Jean-Baptiste-Marie-Joseph, de Bordeaux (Gironde).
Admis le 2 avril 1813.

PATURAL, Antoine (1), de Charlieu (Loire).
Admis le 2 avril 1813.

HUET, Charles-Henri (2), de Laon (Aisne).
Admis le 4 août 1813.

GREVIN, Jean-Marie-Charlemagne (3), de Soissons (Aisne).
Admis le 17 août 1813.

CHERON, Charles-Stanislas, de Rouen (Seine-Inférieure).
Admis le 14 août 1813.

LHERBETTE, Amand-Jacques (4), de Paris (Seine).
Admis le 21 août 1813.

PARADIS, Pierre-Claude-Antoine, d'Auxerre (Yonne).
Admis le 30 août 1813.

VALDENAIRE, Claude-Maximilien, de Nancy (Meurthe).
Admis le 31 août 1813.

JOURDAN, Athanase-Jean-Léger, de Bazoches (Nièvre).
Admis le 31 août 1813.

Faculté de droit de Caen.

GOUPIL-PRÉFELN, Charles-François, d'Alençon (Orne).
Admis le 16 janvier 1813.

REGNAULT, Louis-François-Charles, de Caen (Calvados).
Admis le 30 avril 1813.

THOMINE DESMAZURES, Pierre-Jean-François (5).

---

(1) Ancien avoué à Paris et maire du 2e arrondissement.
(2) Ancien président du tribunal de Laon.
(3) Ancien procureur du roi au tribunal de première instance de Soissons.
(4) Ancien député et ancien représentant.
(5) Professeur de Code Napoléon à la Faculté de Caen.

Faculté de droit de Groningue.

De Diepenhede de Roosendale, Robert, de Bonges (département de la Lys).

Admis le 24 mai 1813

Ypey, Éco, de Leenwarden (département de la Frise).

Admis le 6 juillet 1813.

Faculté de droit de Turin.

Galvano, Joseph-Alexandre, de Luserne (département du Pô).

Admis le 14 juillet 1812.

Barberis, Charles-Dominique-François-Louis-Nicodème-Marie, de Frassinello d'Olivola (département de Marengo).

Admis le 21 juillet 1812.

Vercellone, Louis-Timothée-Marie, de Mondovi (département de la Stura).

Admis le 29 juin 1813.

Billotti, Jean-Joseph-Antoine-Théodore-Benoît, de Pollone (département de la Sesia).

Admis le 28 juin 1813.

Vassalo-Castilione, Ignace-Marie-Joseph, de Dolliani (département de Montenotte).

Admis le 10 juillet 1813.

Alasia, Blaise-Antoine, de Turin (département du Pô).

Admis le 30 juin 1813.

Reyneri Laguasco, Thomas-Michel-Antoine-Octave-Victor, de Saluces (département de la Stura).

Admis le 14 juillet 1813.

Fossati, Thomas, de Montcalvo (département de Marengo).

Admis le 30 juin 1813.

Levi, Isaac-Donat, de Quiers (département du Pô).

Admis le 19 juillet 1811.

Perini, Vincent-Jean-Innocent-Marie, de Valperga (département de Done).

Admis le 4 août 1813.

CASTAGNERI, Jean-Antoine-François, de Bobbio (département de Gênes).
Admis le 10 juillet 1813.

COSTA, Joseph-Ignace, d'Asti (département de Marengo).
Admis le 27 janvier 1812.

PICOLET, Louis-Laurent-Ladislas, de Rochette (département du Mont-Blanc).
Admis le 23 juin 1812.

SRALLA, Jean-Baptiste-Félix-Benoît, de Mondovi (département de la Stura).
Admis le 28 août 1811.

GAMBAROTTA, Charles-Dominique, de Castellazzo (département de Marengo).
Admis le 2 décembre 1813.

VILLAVECCHIA, Jean-Joseph-François-Marie, d'Alexandrie (département de Marengo).
Admis le 20 juillet 1812.

Faculté de droit de Poitiers.

RULLIER, Louis-Jean-François-Eugène, de Cognac (Charente).
Admis le 4 août 1813.

BARBIER, Jean-Dauphin, de Poitiers (Vienne).
Admis le 14 décembre 1813.

Faculté de droit de Grenoble.

POGNIENT, Paul, de Chambéry (département du Mont-Blanc).
Admis le 6 août 1813.

CLEMARON, Gaspard-Hector, de Saint-Maurice (Isère).
Admis le 27 août 1813.

Faculté de droit de Pise.

BACCINI, Francesco, de Castel-Franco (département des Alpes-Maritimes).
Admis le 5 juin 1813.

ANNÉE 1814.

Faculté de droit de Poitiers.

GEOFFROY, Joseph-Augustin, de Poitiers (Vienne).
Admis le 31 janvier 1814.

BERNARD, Adrien, d'Argenton (Indre).
Admis le 26 janvier 1814.

Faculté de droit de Paris.

DELAMALLE, Charles-Victor, de Paris (Seine).
Admis le 20 juillet 1814.

BOURGAIN, Denis-Théodore, de Paris (Seine).
Admis le 16 novembre 1814.

JACQUEMIN, Charles-Nicolas, de Paris (Seine).
Admis le 31 août 1814.

Faculté de droit de Grenoble.

BELLEMIN, Benoît, de Chambéry (département du Mont-Blanc).
Admis le 16 août 1814.

GUILLERMIN, Claude, de Chambéry (département du Mont-Blanc).
Admis le 16 août 1814.

PISSARD, Jean-Nicolas-Joseph, de Saint-Julien (département du Mont-Blanc).
Admis le 16 août 1814.

ANNÉE 1815.

Faculté de droit de Dijon.

LOISON DE CHASTELUS, Claude, de Lyon (Rhône).
Admis le 18 février 1815.

BROSSARD, Mathurin, de Châlon-sur-Saône (Saône-et-Loire).
Admis le 9 août 1815.

Faculté de droit de Toulouse.

GUITTARD, Jean-Baptiste, de Toulouse (Haute-Garonne).
Admis le 9 mai 1815.

Faculté de droit de Paris.

HONORÉ, Adrien-Amé, de Douai (Nord).
Admis le 30 août 1815.

GRANGER, Alphonse-Jules, de Paris (Seine).
Admis le 24 août 1815.

DENFER, Jean-Joseph-Alexandre-Maximilien, de Fontenay (Vendée).
Admis le 24 août 1815.

LALLIER, Louis-Célestin, de Joigny (Yonne).
Admis le 9 novembre 1815.

LELEU, Julien (1), de Chaumont (Oise).
Admis le 16 novembre 1815.

ANNÉE 1816.

Faculté de droit de Paris.

DUROD, Pierre-Joseph, de Thon (Savoie).
Admis le 23 janvier 1816.

Faculté de droit de Caen.

DUBOURG, Louis-Charles-Richard, de Vire (Calvados).
Admis le 10 février 1816.

LANCELIN, Scipion, de Mai (Calvados).
Admis le 6 mai 1816.

Faculté de droit de Poitiers.

RICHARD, Jacques-François, de La Flèche (Sarthe).
Admis le 27 juillet 1816.

Faculté de droit d'Aix.

MOTTET, Ambroise-François-Jean-Baptiste (2), d'Aix (Bouches-du-Rhône).
Admis le 2 juillet 1816.

---

(1) Conseiller à la Cour impériale de Caen.
(2) Aujourd'hui recteur de l'académie d'Aix.

Bouteil, François-Thomas-Amédée (1), de Varages (Var).
Admis le 14 août 1816.

Defougères de Villandry, Paul (2), de Bourges (Cher).
Admis le 17 août 1816.

Faculté de droit de Grenoble.

Quinon, Vincent (3), de Meyzieu (Isère).
Admis le 10 août 1816.

ANNÉE 1817.

Faculté de droit de Paris.

Turquet, Jacques, de Meneton-Salon (Cher).
Admis le 17 novembre 1817.

Faculté de droit de Grenoble.

Denantes, Louis-Émile, de Voiron (Isère).
Admis le 19 août 1817.

Pal, Henri-Charles-Gabriel, de Grenoble (Isère).
Admis le 11 août 1817.

Faculté de droit de Toulouse.

Cornac, Joseph-Jean-Louis, de Sarrant (Gers).
Admis le 31 juillet 1817.

De Bastoulh, Antoine-Hyacinthe-Carloman (4), de Toulouse (Haute-Garonne).
Admis le 17 juillet 1817.

Faculté de droit de Dijon.

Pingat, Nicolas-César, de Dijon (Côte-d'Or).
Admis le 25 février 1817.

---

(1) Doyen de la Faculté de droit d'Aix.
(2) A été professeur à la Faculté de droit d'Aix et recteur de l'académie.
(3) Professeur de droit romain à la Faculté de Grenoble.
(4) Ancien professeur de droit administratif à la Faculté de droit de Toulouse.

ANNÉE 1818.

Faculté de droit de Paris.

LENAIN, Antoine (1), de Châlons (Marne).
Admis le 5 janvier 1818.

ALLAIN, François-Henri, de Saumur (Maine-et-Loire).
Admis le 17 mars 1818.

CANARD, Pierre-François, de Damery (Marne).
Admis le 25 mars 1818.

LEGOUAIS, Thomas-Eugène, de Nantes (Loire-Inférieure).
Admis le 5 mai 1818.

MENJOT, Jean-Geneviève-Eugène, de Dammartin (Seine-et-Marne).
Admis le 10 août 1818.

DUMON, Pierre-Sylvain (2), d'Agen (Lot-et-Garonne).
Admis le 10 août 1818.

JUGUET, Pierre, de Nantes (Loire-Inférieure).
Admis le 28 août 1818.

PAILLART, Aubin-Pierre, de Chartres (Eure-et-Loire).
Reçu le 28 août 1818.

RENAUD, Simon, de Pesmes (Haute-Saône).
Admis le 28 août 1818.

SOULLIÉ, Félix-Désiré, de Cumières (Marne).
Admis le 28 août 1818.

MOLAND, Antoine, de Fenain (Nord).
Admis le 31 août 1818.

CONSTANTIN, Joseph, de Lurroumieu (Gers).
Admis le 31 août 1818

DOÉ DE MAINDREVILLE, Pierre, de Reims (Marne).
Admis le 31 août 1818.

DANEL, Paul-Liévin-Joseph, de Lille (Nord).
Admis le 31 août 1818.

---

(1) Conseiller à la Cour impériale de Paris.
(2) Ancien ministre des travaux publics sous le roi Louis-Philippe.

MAUGRAS, François, de Saumur (Maine-et-Loire).
Admis le 31 août 1818.

DEVEZE, Jean-Henri-Émile, de Nîmes (Gard).
Admis le 15 novembre 1818.

LE COUTURIER, Aristide, de Rouen (Seine-Inférieure).
Admis le 23 décembre 1818.

DURAND, Denis-Agricola, de Dreux (Eure-et-Loire).
Admis le 23 novembre 1818.

Faculté de droit de Dijon.

BATTUR, Georges-Bonaventure, de Louhans (Saône-et-Loire).
Admis le 10 février 1818.

Faculté de droit de Poitiers.

SERRE, Jean-Baptiste, de Montluçon (Allier).
Admis le 20 février 1818.

Faculté de droit de Grenoble.

DE SAINT-PIERRE, Jean-François-Anne, de Besançon (Doubs).
Admis le 4 août 1818.

Faculté de droit de Strasbourg.

LAUTH, Charles, de Strasbourg (Bas-Rhin).
Admis le 11 août 1818.

Faculté de droit de Toulouse.

ESQUIROL, Pierre-Jacques-Narcisse-Auxence (1), de Montgiscard (Haute-Garonne).
Admis le 27 août 1818.

CORAIL, Honoré-Bernard-François-Guillaume-Marie, de Toul (Haute-Garonne).
Admis le 27 août 1818.

Faculté de droit de Rennes.

LEVÈNE, Achille, de Lorient (Morbihan).
Admis le 25 novembre 1818.

---

(1) Ancien suppléant à la Faculté de droit de Toulouse.

AUDET, Hercule, du Croisic (Loire-Inférieure).
Admis le 16 décembre 1818.

ANNÉE 1819.

Faculté de droit de Paris.

LEROUX DE BRETAGNE, Auguste (1), de Cuincy (Nord).
Admis le 9 janvier 1819.

BRUNET PLANTIS, Jean-Nicias, de Ballon (Charente-Inférieure).
Admis le 9 janvier 1819.

MONTSARRAT, Jacques (2), de Lestelle (Basses-Pyrénées).
Admis le 8 février 1819.

CHARTIER DU BOULAY, Urbain, de Craon (Mayenne).
Admis le 1er mars 1819.

DE BENGY, Philippe-Jacques, d'Issoudun (Indre).
Admis le 1er mars 1819.

CAILLAUX, Quentin-Auguste, de Paris (Seine).
Admis le 15 mai 1819.

DUPIN, Philippe-Simon (3), de Varsy (Nièvre).
Admis le 14 août 1819.

COTELLE, Toussaint-Ange (4), de Bleneien (Yonne).
Admis le 28 août 1819.

CRISTIANI, César-Léo-Bruno-Jacob de Solero (Piémont).
Admis le 29 novembre 1819.

DE GUERNON, Martial-Cosme-Annibal-Perpétue-Magloire (5), de Caen (Calvados).
Admis le 31 décembre 1819.

Faculté de droit de Grenoble.

VILLARS, Antoine-Augustin-Dumay, de Moras (Drôme).
Admis le 18 août 1819.

---

(1) Conseiller à la Cour de cassation.
(2) Conseiller à la Cour impériale de Paris.
(3) Ancien avocat (décédé), frère de M. le président Dupin.
(4) Ancien avocat aux Conseils. — Professeur de droit administratif à l'École des ponts et chaussées.
(5) Ancien ministre de l'instruction publique.

PELLAT, Charles-Auguste (1), de Grenoble (Isère).
Admis le 24 août 1819.

Faculté de droit de Rennes.

MIORCED DANET, Daniel-Louis-Ollivier-Marie (Finistère).
Admis le 20 août 1819.

Faculté de droit d'Aix.

D'ALPHÉRAN, Joseph-Hippolyte-Charles-François, d'Aix (Bouches-du Rhône).
Admis le 20 août 1819.

Faculté de droit de Strasbourg.

THEIMBURGER, Philippe, de Molsheim (Bas-Rhin).
Admis le 16 janvier 1819.

ANNÉE 1820.

Faculté de droit de Rennes.

LE BESCHU DE CHAMPSAVIN, Hippolyte, de Fougères (Ille-et-Vilaine).
Admis le 4 décembre 1820.

Faculté de droit de Strasbourg.

KERN, Charles-Auguste, de Strasbourg (Bas-Rhin).
Admis le 19 décembre 1820.

Faculté de droit de Grenoble.

ARNAUD, Jean-Louis, de Vienne (Isère).
Admis le 22 mars 1820.

Faculté de droit de Paris.

FILHON, Marie-Charles-Barthélemy (2), de Saint-Hilaire (Charente).
Admis le 28 février 1820.

---

(1) Aujourd'hui doyen de la Faculté de droit de Paris, auteur d'ouvrages de droit : *Traité de la dot.* — Les Institutes de Gaïus, etc., etc.

(2) Conseiller à la Cour impériale de Paris.

Daburon, Frédéric, de Cosne (Maine-et-Loire).
Admis le 6 mars 1820.

Gruau, Hippolyte, de la Chartre (Sarthe).
Admis le 8 mai 1820.

Demanega, Pierre, de Bucharest (Valachie).
Admis le 12 juin 1820.

Delafosse, Jean-Philippe-François, de Paris (Seine).
Admis le 3 juillet 1820.

Dufaure, Jules-Amand-Stanislas (1), de Saujon (Charente-Inférieure).
Admis le 8 août 1820.

Millelot, Jean-Étienne-Guillaume, de Clamecy (Nièvre).
Admis le 14 août 1820.

Mandaroux-Vertamy, Jean-Baptiste-Julien (2), d'Auzon (Haute-Loire).
Admis le 24 août 1820.

Chauvet, François-Stanislas, de Tuchau (Aude).
Admis le 24 août 1820.

Bataille, Louis-Marcel, de Rouen (Seine-Inférieure).
Admis le 24 août 1820.

Brielmann, Narcisse-François-Joseph, de Lille (Nord).
Admis le 31 août 1820.

Dubos, Louis-Jean-Baptiste, de Sainte-Foy (Seine-Inférieure).
Admis le 11 décembre 1820.

ANNÉE 1821.

Faculté de droit d'Aix.

De Gaudemaris, Étienne-Guillaume, de Carpentras (Vaucluse).
Admis le 23 août 1821.

Faculté de droit de Poitiers.

Bréunet, Alexandre-Chéri, de Poitiers (Vienne).
Admis le 2 mars 1821.

---

(1) Ancien ministre des travaux publics et de l'intérieur.

(2) Défenseur du prince de Polignac devant la chambre des pairs de 1830, ancien avocat à la Cour de cassation.

Faculté de droit de Grenoble.

RUBICHON, Ferréol, d'Annonay (Ardèche).
Admis le 23 janvier 1821.

Faculté de droit de Rennes.

LUCAS, Jean-Marie, de Rennes (Ille-et-Vilaine).
Admis le 16 mars 1821.

Faculté de droit de Paris.

BOISSIER, Jean, de Nayes (Gard).
Admis le 30 juin 1821.

QUENESCOURT, René-Constant-Ferdinand, de Péronne (Somme).
Admis le 29 août 1821.

BARBE, Jean, de la Geneste (Corrèze).
Admis le 29 août 1821.

Faculté de droit de Toulouse.

RODIÈRE, Désiré-Jean-Baptiste-Laurent-Justin (1), d'Albi (Tarn).
Admis le 26 juillet 1821.

DAZAM, Marie-Louis-Denis-Jules, de Toulouse (Haute-Garonne).
Admis le 11 août 1321.

Faculté de droit de Dijon.

BUGNET, Jean-Joseph (2), de Leviers (Doubs).
Admis le 27 décembre 1821.

ANNÉE 1822.

Faculté de droit de Paris.

BERRY, Victor-Hippolyte, de Romorantin (Loir-et-Cher).
Admis le 22 février 1822.

DEMILLY, Ferdinand-Louis-Adrien, de Lille (Nord).
Admis le 30 août 1822.

---

(1) Professeur de procédure civile à la Faculté de Toulouse.
(2) Professeur de Code Napoléon à la Faculté de droit de Paris.

Turgis, Hyacinthe, de Saint-Pierre-Église (Manche).
Admis le 23 décembre 1822.

Caravia, Constantin d'Itaque (Grèce).
Admis le 23 décembre 1822.

Faculté de droit de Strasbourg.

Steullet, Joseph, de Belfort (Haut-Rhin).
Admis le 29 août 1822.

Faculté de droit de Toulouse.

Curie Seimbres, Joseph-Martial, de Tric (Hautes-Pyrenées).
Admis le 27 juin 1822.

Dubernard, Antoine-Marie, de Toulouse (Haute-Garonne).
Admis le 4 mai 1822.

ANNÉE 1823.

Faculté de droit de Paris.

Beyne, Bernard, de Tulle (Corrèze).
Admis le 5 mai 1823.

Huerne, Louis-Urbain-François, de Paris (Seine).
Admis le 17 février 1823.

Demiau-Crouzilhac, Félix, de Toulouse (Haute-Garonne).
Admis le 23 août 1823.

Reyher, Evan, Charles, de Paris (Seine).
Admis le 30 août 1823.

Bruneau, César-Ernest-Joseph, de Cambray (Nord).
Admis le 30 août 1823.

Dupire, Adolphe-Henry, de Paris (Seine).
Admis le 20 décembre 1823.

Faculté de droit de Toulouse.

Saltel, Pierre-Jean-Guillaume, d'Espalion (Aveyron).
Admis le 14 août 1823.

Faculté de droit de Strasbourg.

Faye, Antoine, de Bordeaux (Gironde).
Admis le 14 août 1823.

Faculté de droit de Poitiers.

GUARIN, Charles-Jean-Baptiste, de Laval (Mayenne).

Faculté de droit de Dijon.

CHARRIER, Louis-Laurent, d'Aubenas (Ardèche).

ANNÉE 1824.

Faculté de droit de Paris.

HALGAN, Emmanuel-Marie-Joseph, de Nantes (Loire-Inférieure).
Admis le 5 janvier 1824.

CŒURET-SAINT-GEORGES, Charles-Auguste-Joseph, de Paris (Seine).
Admis le 14 janvier 1824.

ÉLIE DE BEAUMONT, Charles-Adolphe-Eugène, de Caen (Calvados).
Admis le 24 janvier 1824.

GENNEVOISE, Antoine-François-Joseph, de Lille (Nord).
Admis le 2 février 1824.

BERRIAT SAINT-PRIX, Charles (1), de Grenoble (Isère).
Admis le 8 mars 1824.

FOUCART, Émile-Masséna-Victor (2), de Compiègne (Oise).
Admis le 26 avril 1824.

PINEL-GRANDCHAMP, Paul, de Paris (Seine).
Admis le 5 juin 1824.

BAUTIER, Adolphe, de Rouen (Seine-Inférieure).
Admis le 21 juin 1824.

MARTIN, Fortuné-Cœlina, de Nantes (Loire-Inférieure).
Admis le 31 août 1824.

Faculté de droit de Poitiers.

RICHARD, Édouard-Henri, de Chinon (Indre-et-Loire).
Admis le 12 avril 1824.

---

(1) Conseiller à la Cour impériale de Paris.

(2) M. Foucart est doyen de la Faculté de droit de Poitiers, auteur de travaux de droit administratif.

Lelong, Philippe-Eugène, de Poitiers (Vienne).
Admis le 24 août 1824.

Lacroix, François-Joseph, de Bonneuil (Charente).
Admis le 5 avril 1824.

Cardin, Julien, de Fontenay (Vendée).
Admis le 12 novembre 1824.

Faculté de droit de Caen.

Trébutien, Étienne, de Caen.
Admis le 25 mai 1824.

Faculté de droit d'Aix.

Allibert, Hippolyte-Antoine-Félix, de Marseille (Bouches-du-Rhône).
Admis le 28 août 1824.

Faculté de droit de Strasbourg.

Aubry, Charles-Marie-Barbe-Antoine (1), de Strasbourg (Bas-Rhin).

Faculté de droit de Toulouse.

Bouddett, Jean-Marie, de Montesquieu-Volvestre (Haute-Garonne).
Admis le 30 novembre 1824.

ANNÉE 1825.

Faculté de droit de Paris.

Bernard, Charles, de Tarbes (Hautes-Pyrénées).
Admis le 27 juin 1825.

Guillebon, Auguste-Bon, d'Antony (Seine).
Admis le 28 mars 1825.

Clément-Bertoin, Pierre, de Romans (Drôme).
Admis le 16 août 1825.

Bravard, Pierre-Claude-Jean-Baptiste (2), d'Artone (Puy-de-Dôme).
Admis le 31 août 1825.

---

(1) Doyen actuel de la Faculté de droit de Strasbourg.

(2) Professeur de Code de commerce à la Faculté de Paris, auteur d'un Manuel de droit commercial, etc.

DENFERT, Aristide (1), de Saint-Maixent (Deux-Sèvres).
Admis le 12 novembre 1825.

BERTRAND, Claude-Jean-Baptiste, de Luxeuil (Haute-Saône).
Admis le 19 décembre 1825.

Faculté de droit de Grenoble.

BURDET, François-Joseph-Victor (2), de Grenoble (Isère).
Admis le 18 août 1825.

Faculté de droit de Caen.

DUTRONE, Henri-Philippe-Auguste, de Caen (Calvados).
Admis le 29 août 1825.

Faculté de droit de Dijon.

PROUDHON, Camille, de Besançon (Doubs).
Admis le 19 mai 1825.

MATRY, Edme-Henri, d'Avallon (Yonne).
Admis le 17 juin 1825.

Faculté de droit d'Aix.

TAVERNIER, Adolphe-Alexandre, d'Aix (Bouches-du-Rhône).
Admis le 16 mars 1825.

BOUTEILLE, Marc-Antoine-Joseph-Amédée, d'Aix (Bouches-du-Rhône).
Admis le 28 juin 1825.

JAUFFRET, Adolphe-Louis-Daniel, de Frets (Bouches-du-Rhône).
Admis le 25 août 1825.

Faculté de droit de Poitiers.

MAYERAS, François-Louis, de Saint-Christophe-sur-Roc (Deux-Sèvres).
Admis le 21 mars 1825.

Faculté de droit de Toulouse.

PEREZ, Jean-Louis, de Toulouse (Haute-Garonne).
Admis le 9 août 1825.

---

(1) Ancien inspecteur d'Académie. — Rédacteur au ministère de l'instruction publique (decédé).

(2) Professeur de Code Napoléon à la Faculté de droit de Grenoble.

DUCLAUD, Armand-Gustave, de Poitiers (Vienne).
Admis le 30 décembre 1825.

BROCHAIN, René-Gabriel, de Niort (Deux-Sèvres).
Admis le 30 décembre 1825.

ANNÉE 1826.

Faculté de droit de Paris.

GUENOUX, Charles-Jacques, de Paris (Seine).
Admis le 17 janvier 1826.

LESELLYER, Achille-François (1), d'Amiens (Somme).
Admis le 3 avril 1826.

LIOUVILLE, Félix-Silvestre-Jean-Baptiste (2), de Lille (Nord).
Admis le 22 mai 1826.

TEMPIER, Jean-Gilles-François, de Saint-Lomer (Orne).
Admis le 29 mai 1826.

OUDOT, Julien-François (3), d'Ornans (Doubs).
Admis le 2 août 1826.

DE MOLOMBE, Florent (4), de La Fère (Aisne).
Admis le 2 août 1826.

VUILLAUME, Félix, de La Grange-de-la-Forêt (Doubs).
Admis le 7 août 1826.

GANDILLOT, Romain-Denis, de Besançon (Doubs).
Admis le 14 août 1826.

BOURDENET, Denis-Agile, de Luisans (Doubs).
Admis le 30 août 1826.

DUFOUR, Constantin-François, d'Alzon (Gard).
Admis le 30 août 1826.

LADEY, Jean-Bernard-Victor (5), de Dijon (Côte-d'Or).
Admis le 30 août 1826.

---

(1) A été professeur à la Faculté de droit de Paris.
(2) Bâtonnier de l'ordre des avocats à la Cour impériale de Paris (1856).
(3) Professeur de Code Napoléon à la Faculté de Paris.
(4) Doyen de la Faculté de droit de Caen, et professeur de Code Napoléon.
(5) Professeur de procédure civile et de législation criminelle à la Faculté de Dijon.

SAUTAYRA, André-Adolphe, de Saint-Marcel-lès-Sauzes (Drôme).
Admis le 30 août 1826.

BONÉ, Jean-Ariste, de Bordeaux (Gironde).
Admis le 31 août 1826.

Faculté de droit de Grenoble.

DISDIER, Jean-Baptiste-René, de Grenoble (Isère).
Admis le 21 août 1826.

Faculté de droit de Dijon.

SERRIGNY, Denis (1), de Savigny-sur-Beaune (Côte-d'Or).
Admis le 7 janvier 1826.

DREVON, Auguste (2), de Besançon (Doubs).
Admis le 21 février 1826.

FOISSET, Joseph-Théophile, de Bligny-sur-Beaune (Côte-d'Or).
Admis le 28 août 1826.

LORAIN, Jean-Baptiste-Prosper (3), de Châlon-sur-Saône (Saône-et-Loire).
Admis le 30 août 1826.

Faculté de droit de Strasbourg.

KERN, Charles-Théodore (4), de Strasbourg.
Admis le 23 février 1826.

DE SANKOVITZ DE JESNICZE, de Nancy (Meurthe).
Admis le 15 mars 1826.

RAU, Charles-Frédéric (5), de Bouxwiller (Bas-Rhin).
Admis le 9 décembre 1826.

Faculté de droit de Poitiers.

ARNAULT, Louis-Florian, de Parthenay (Deux-Sèvres).
Admis le 10 novembre 1826.

---

(1) Professeur de droit administratif à la Faculté de droit de Dijon.
(2) Professeur à la Faculté de Dijon. (Décédé).
(3) Ancien doyen de la Faculté de droit de Dijon.
(4) Ancien doyen de la Faculté de Strasbourg.
(5) Professeur de Code Napoléon à la Faculté de droit de Strasbourg, auteur, en collaboration avec M. Aubry, d'un Cours de droit civil français, d'après l'ouvrage de M. Zachariæ.

Faculté de droit de Rennes.

BIDARD, Théophile (1), de Rennes (Ille-et-Vilaine).
Admis le 30 juin 1826.

CORBIÈRE, Eugène-Marie, de Rennes (Ille-et-Vilaine).
Admis le 12 août 1826.

AGNÈS, Jean-Alfred, de Saint-Malo (Ille-et-Vilaine).
Admis le 28 août 1826.

Faculté de droit d'Aix.

HENRICY, Antoine-Esprit-Augustin, d'Aix (Bouches-du-Rhône).
Admis le 9 août 1826.

CONSTANT, Antoine-Emmanuel-Esprit, d'Aix (Bouches-du-Rhône).
Admis le 21 avril 1826.

ANNÉE 1827.

Faculté de droit de Paris.

JENVIN, Victor-Gabriel, de Saint-Hilaire-de-Harcourt (Manche).
Admis le 2 janvier 1826.

DUBOSC-PESQUIDOUS, Jean, de Hanga (Gers).
Admis le 2 janvier 1827.

DE GERANDO, Gustave (2), de Paris (Seine).
Admis le 2 janvier 1827.

DE FINSE, Charles-Louis-Alphonse-Édouard, de Montlaurent (Ardennes).
Admis le 19 février 1827.

BENAZET, Louis-Marie-Joseph-Théodore, de Bordeaux (Gironde).
Admis le 23 avril 1827.

RIGOIGNE, Pierre-Auguste, de Giey-sur-Anjou (Haute-Marne).
Admis le 8 août 1827.

LERMINIER, Jean-Louis-Eugène (3), de Paris (Seine).
Admis le 6 août 1827.

---

(1) Professeur de procédure et de législation criminelles à la Faculté de Rennes.

(2) Procureur général à Metz.

(3) Ancien professeur au Collége de France, ancien maître des requêtes au conseil d'État, auteur de travaux remarquables sur l'histoire du droit.

Moulin, Louis-Henry, d'Orteville (Manche).
Admis le 31 août 1827.

Lagrenée, Frédéric-Fortuné, de Paris (Seine).
Admis le 31 août 1827.

Lagrange, Jean-Jacques-Eugène, de Caliure (Rhône).
Admis le 31 août 1827.

Boudet de Bardon, Charles-Pierre-Jean-Joseph, de Riom (Puy-de-Dôme).
Admis le 31 août 1827.

Bernigaud-Chardonnet, François-Marie-Gustave, de Châlon-sur-Saône (Saône-et-Loire).
Admis le 31 août 1827.

Bedel, Auguste (1), de Paris, (Seine).
Admis le 31 août 1827.

Maisonneufve, Joseph-Amédée, de Génistieux (Drôme).
Admis le 31 août 1827.

Faculté de droit de Rennes.

Cheguillaume, Auguste, de Nantes (Loire-Inférieure).
Admis le 7 mars 1827.

Lesbaupin, Jean-Baptiste, de Rennes (Ille-et-Vilaine).
Admis le 1er juin 1827.

Richelot, Hippolyte (2), de Rennes (Ille-et-Vilaine).
Admis le 16 juillet 1827.

Vatar, Augustin-Félix de Rennes (Ille-et-Vilaine).
Admis le 29 août 1827.

Coulon, Jean Isidore-Benjamin, de Saint-Amand (Cher).
Admis le 5 décembre 1827.

Hue, François-Charles-Marie (3), de Rennes (Ille-et-Vilaine).
Admis le 11 août 1827.

---

(1) Juge au Tribunal de première instance de la Seine, auteur d'un *Traité de l'adultère et des enfants adultérins.*
(2) Doyen de la Faculté de droit de Rennes.
(3) Professeur de Code Napoléon à la Faculté de droit de Rennes.

Faculté de droit d'Aix.

AUTRAN, Pierre, de Bahia (Brésil).
Admis le 11 août 1827.

Faculté de droit de Poitiers.

PONTOIS, Paulin, de Poitiers (Vienne).
Admis le 23 avril 1827.

PERVINQUIÈRE, Martial (1), de Fontenay (Vendée).
Admis le 20 novembre 1827.

ANNÉE 1828.

Faculté de droit de Paris.

PERREYVE, Henry (2), de Lyon (Rhône).
Admis le 22 janvier 1828.

REGNARD, Philippe-Marie-Napoléon-Nestor, de Namar (Sambre-et-Meuse).
Admis le 3 mars 1828.

FAILLY, Jules-Fabien (3), de Parthenay (Deux-Sèvres).
Admis le 16 juillet 1828.

BOIRON, Étienne-Théodore, de Saint-Pierre le Moutiers.
Admis le 30 août 1828.

ARRAGON, Jean-Baptiste, de Champareillan (Isère).
Admis le 30 août 1828.

DUMONT, Louis-Charles-Joseph, de Ressons (Oise).
Admis le 30 août 1828.

LEDRU, Alexandre-Auguste, de Paris (Seine).
Admis le 30 août 1828.

ROBINET, François-Étienne, de Châtenay (Seine-et-Oise).
Admis le 30 août 1828.

---

(1) Professeur suppléant à la Faculté de droit de Poitiers.
(2) Professeur de Code Napoléon à la Faculté de Paris.
(3) Ancien représentant.

QUENAULT, Hippolyte-Alphonse (1), de Cherbourg (Manche).
Admis le 3 novembre 1828.

COQUART, Jean-Marie-Édouard, de Paris (Seine).
Admis le 1er décembre 1828.

Faculté de droit de Poitiers.

LAURENDEAU, Pierre-Augustin-Louis, de Moussais (Vienne).
Admis le 23 août 1828.

Faculté de droit de Grenoble.

BLACHETTE, Julien, de Valence (Drôme).
Admis le 9 juin 1828.

TAULIER, Marc-Joseph-Frédéric (2), de Grenoble (Isère).
Admis le 22 août 1828.

Faculté de droit d'Aix.

GIRAUD, Charles-Joseph-Barthélemy (3), de Pernes (Vaucluse).
Admis le 30 juillet 1828.

BARET Jean-François-Paul (4), de Gardanne (Bouches-du-Rhône).
Admis le 6 août 1828.

Faculté de droit de Dijon.

CAREY, Thomas de Saint-Pierre-Port (île de Guernesey).
Admis le 12 juillet 1828.

DE FIGARELLI, Dominique-Louis, de Bastia (Corse).
Admis le 18 novembre 1828.

Faculté de droit de Strasbourg.

HERMANN, Ferdinand, de Strasbourg (Bas-Rhin).
Admis le 23 décembre 1828.

---

(1) Ancien député, secrétaire général du ministère de la justice, conseiller à la Cour de cassation.

(2) Doyen de la Faculté de droit de Grenoble.

(3) Membre de l'Institut, ancien professeur à la Faculté de droit d'Aix, ancien ministre de l'instruction publique, ancien conseiler d'État, aujourd'hui inspecteur général de l'enseignement supérieur, professeur de droit romain à la Faculté de droit de Paris.

(4) Suppléant à la Faculté de droit d'Aix.

ANNÉE 1829.

Faculté de droit de Paris.

CARETTE, Antoine-Auguste (1), de Paris (Seine).
Admis le 5 mars 1829.

ROZE, Louis-Pierre-Julien, de Laon (Aisne).
Admis le 23 mars 1829.

DEGOUY, Louis-Joseph-Horace, de Cuvilly (Oise).
Admis le 22 avril 1829.

BIOCHE, Charles-Jules-Armand (2), de Paris (Seine).
Admis le 22 avril 1829.

VERGNAUD, Pierre, de Limoges (Vienne).
Admis le 29 juin 1829.

BOITARD, Joseph-Édouard (3), de Paris (Seine).
Admis le 13 juillet 1829.

JAVAL, Julien, de Rambervilliers (Vosges).
Admis le 13 juillet 1829.

CROS, Simon-Charles-Henry, de Paris (Seine).
Admis le 27 août 1829.

ROUSSEL, Nicolas-Pascal, de Bugneville (Vosges).
Admis le 27 août 1829.

LEVESQUE, Jean-Antoine, de Paris (Seine).
Admis le 27 août 1829.

ORTOLAN, Joseph-Louis-Elzéar (4), de Toulon (Var).
Admis le 28 novembre 1829.

Faculté de droit de Strasbourg.

BREU, Sigefroi-Gustave, de Strasbourg (Bas-Rhin).
Admis le 27 août 1829.

---

(1) Avocat à la Cour de cassation, auteur de travaux de jurisprudence. (Lois, décrets et ordonnances, et avis du Conseil d'État.)

(2) Auteur de l'excellent dictionnaire de procédure.

(3) Ancien professeur suppléant à la Faculté de droit de Paris. — Auteur d'un ouvrage sur le Code de procédure.

(4) Professeur de droit criminel et de législation pénale à la Faculté de droit de Paris.

MARTIN, Édouard (1), de Mulhouse (Bas-Rhin).
Admis le 16 mai 1829

HIRN, André Gustave, de Strasbourg (Bas-Rhin).
Admis le 15 mai 1829.

LINDER, Benjamin, de Schlestadt (Bas-Rhin).
Admis le 13 août 1829.

PARANDIER, Charles-Adrien-Théodule, d'Arbois (Jura).
Admis le 17 août 1829.

Faculté de droit de Toulouse.

LABURTHE, Jean-Marie-Étienne-Armand, de Toulouse (Haute-Garonne).
Admis le 28 avril 1829.

BARUAUD, Pierre-Gabriel, de Toulouse (Haute-Garonne).
Admis le 17 août 1820.

Faculté de droit de Poitiers.

GUILLEMETEAU, Jean-Justin-Eugène, d'Angoulême (Charente).
Admis le 28 août 1829.

GRELLAUD, Henri (2), de la Flotte (île de Ré).
Admis le 31 août 1829.

ANNÉE 1830.

Faculté de droit de Paris.

LARDIN, Timoléon-Désiré, d'Angers (Maine-et-Loire).
Admis le 23 janvier 1830.

ROUGIER, François-Prosper, de Vire-le-Comte (Puy-de-Dôme).
Admis le 5 avril 1830.

FREMERY, Achille, de Rouen (Seine-Inférieure).
Admis le 5 avril 1838.

---

(1) Ancien avocat à la Cour de cassation.
(2) Maire de la ville de Poitiers; professeur de Code Napoléon à la Faculté de droit de cette ville.

DELERUYELLE, Alexandre-François-Joseph d'Annœuillin (Nord).
Admis le 5 avril 1830.

FALEAO DE SOUZA, Clément, de Fernambouc.
Admis le 10 mai 1830.

VALETTE, Claude-Denis-Auguste (1), de Salins (Jura).
Admis le 19 juin 1830.

BAUME, Louis-Edmond, de Draguignan (Var).
Admis le 19 juillet 1830.

PASTÉ, Henry-Antoine, de Paris (Seine).
Admis le 30 août 1830.

LEMAIRE, Charles de Paris (Seine).
Admis le 30 août 1830.

PIDOUX, Marie-Louis-Victor, d'Orgelet (Jura).
Admis le 30 août 1830.

TOURANGIN, Félix-Georges-Clément (2), d'Issoudun.
Admis le 30 août 1830.

LANGLOIS, Pierre-Charles, de Placy (Manche).
Admis le 31 août 1830.

MASSON, Pierre, de Saint-Germain en Laye (Seine-et-Oise).
Admis le 6 décembre 1830.

Faculté de droit de Poitiers.

SARGET, Pierre-Célestin (3), de Tesson (Vienne).
Admis le 15 février 1830.

GARTIAN DE CLÉRAMBAUCTH, Philibert-Victor, de Tours (Indre-et-Loire).
Admis le 6 août 1830.

Faculté de droit de Grenoble.

BIGILLION, Pierre-Casimir-Achille, de Grenoble (Isère).
Admis le 26 janvier 1830.

---

(1) Professeur de Code Napoléon à la Faculté de droit de Paris.
(2) Juge d'instruction au Blanc (Indre).
(3) Ancien professeur à la Faculté de droit de Poitiers.

Faculté de droit de Rennes.

Le Poitevin, Joseph (1), de Baud (Morbihan).
Admis le 10 juillet 1830.

Faculté de droit de Dijon.

Darcy, Hugues (2), d'Arcis-sur-Aube.
Admis le 26 août 1830.

Faculté de droit de Caen.

Bardout, Germain-Louis-Félix, de Caen (Calvados).
Admis le 10 juillet 1830.

Debrix, Charles-André, de Barfleur (Manche).
Admis le 28 août 1830.

Faculté de droit de Toulouse.

Benech, Raimond-Osmin (3), de Bardigues (Tarn-et-Garonne).
Admis le 20 novembre 1830.

ANNÉE 1831.

Faculté de droit de Paris.

Gadot, Alexandre-Émilien, de Grenoble (Isère).
Admis le 19 février 1831.

Hérault, Auguste-Désiré, du Bouchet (Indre).
Admis le 19 février 1831.

Nompère de Champagny, Napoléon-Marie, de Paris (Seine).
Admis le 28 mars 1831.

Legras, Félix-Jean-Pierre, de Paris (Seine).
Admis le 26 avril 1831.

Maurel, Maximin-Clément, de Marseille (Bouches-du-Rhône).
Admis le 26 avril 1831.

Herson, Alexandre-Louis, de Paris (Seine).
Admis le 3 mai 1831.

Ferry, Claude-Joseph (4), de la Vieville (Vosges).
Admis le 6 juin 1831.

---

(1) Professeur de droit commercial à la Faculté de Rennes.
(2) Ancien préfet du Rhône et ancien sous-secrétaire d'État au ministère de l'intérieur.
(3) Doyen de la Faculté de droit de Toulouse (décédé).
(4) Professeur suppléant à la Faculté de droit de Paris.

SIMON, Joseph-Simon, de Marseille (Bouches-du-Rhône).
Admis le 22 août 1831.

LEVESQUE DE CHAMPEAUX, Césaire, d'Orainville (Aisne).
Admis le 22 août 1831.

FAIN, Eugène, de Paris (Seine).
Admis le 22 août 1831.

ABORD, Charles, d'Autun (Saône-et-Loire).
Admis le 22 août 1731.

DELATOUR, Charles, de Marcigny-sur-Loire.
Admis le 22 août 1831.

AUMONT, Arsène, de Victot (Calvados).
Admis le 22 août 1831.

ROUSTAIN, Jean-Baptiste-Pierre (1), de Paris (Seine).
Admis le 31 août 1831.

TARLIER, Hippolyte-Joseph, d'Arras (Pas-de-Calais).
Admis le 31 août 1831.

ROZIERS DE LINAGE, Louis-Eusèbe-Gustave, de Voreppe (Isère).
Admis le 31 août 1831.

GADEL, Jean-Auguste-Aimable, de Ruchecourt-le-Château (Meurthe).
Admis le 5 décembre 1831.

Faculté de droit de Rennes.

MOREL, Marie-Louis (2), de Rennes (Ille-et-Vilaine).
Admis le 24 janvier 1831.

SENIGAN, Thomas-Pascal, de Châteaulin (Finistère).
Admis le 8 février 1831.

Faculté de droit de Toulouse.

MAZOYER, Henri, de Verdun (Tarn-et-Garonne).
Admis le 16 avril 1831.

LAURENS, Marie-Joseph-Jean-François-Auguste (3), de Seysses (Haute-Garonne).
Admis le 16 avril 1831.

(1) Professeur de droit romain à la Faculté de droit de Paris (décédé).
(2) Professeur de Code Napoléon à la Faculté de droit de Rennes.
(3) Professeur de Code Napoléon à la Faculté de droit de Toulouse, ancien doyen.

ROMIÈRE, Aimé-Bernard-Yves-Honoré (1), d'Albi (Tarn).
Admis le 26 mars 1831.

Faculté de droit de Grenoble.

DUGAS, Jean, de Tournus (Saône-et-Loire).
Admis le 5 décembre 1831.

Faculté de droit de Dijon.

ÉMONIN, Jean-Joseph, de la Violette (Doubs).
Admis le 18 janvier 1831.

GAUTRELET, Lazare, de Saint-Étienne-en-Bresse (Saône-et-Loire).
Admis le 30 août 1831.

ANNÉE 1832.

Faculté de droit de Paris.

BOUTET, Napoléon-Bertrand, de Saint-Puy (Gers).
Admis le 19 mars 1832.

BERRIAT SAINT-PRIX, Aimé-Félix-Julien, de Grenoble (Isère).
Admis le 19 mars 1832.

ÉTIENNE, Louis (2), de Longeville-les-Metz (Moselle).
Admis le 1er août 1832.

MAZERAT, Alexis, d'Ainoy-le-Château (Allier).
Admis le 20 août 1832.

PASSERAT DE SILANS, Augustin-Joseph-Dominique, de Seyssel.
Admis le 20 août 1832.

JULIEN, Ernest-Narcisse (3), du Quesnoy (Nord).
Admis le 31 août 1832.

RICHOMME, Jean-Emmanuel, de Paris (Seine).
Admis le 31 août 1832.

LOYER, Eugène-Émile, de Versailles (Seine-et-Oise).
Admis le 19 novembre 1832.

---

(1) Professeur de procédure civile à la Faculté de Toulouse.
(2) Ancien professeur de droit romain à la Faculté d'Aix.
(3) Chef de la division du commerce intérieur au ministère de l'agriculture, du commerce et des travaux publics (1856).

Blanche, Antoine-Georges (1), de Rouen (Seine-Inférieure).
Admis le 19 novembre 1832.

Lacan, Adolphe-Jean-Baptiste, de Clamecy (Nièvre).
Admis le 26 novembre 1832.

Payen, Charles-Toussaint, de Clermont (Oise).
Admis le 26 novembre 1832.

Faculté de droit de Toulouse.

Gasc, Jean, de Toulouse (Haute-Garonne).
Admis le 7 juillet 1832.

Bole, Jean-Baptiste, de Saint-Antonin (Tarn-et-Garonne).
Admis le 26 mai 1832.

Faculté de droit de Strasbourg.

Schutzenberger, Georges-Frédéric (2), de Strasbourg (Bas-Rhin).
Admis le 31 juillet 1832.

Faculté de droit de Poitiers.

Maindrond, Amand, de Châtillon-sur-Sèvres (Deux-Sèvres).
Admis le 24 août 1832.

Fey, Joseph-Aubin (3), de Loudun (Vienne).
Admis le 31 août 1832.

Faculté de droit de Caen.

Le Bourguignon Duperré Feuquerolles, Constantin-Marcellin (4), de Neuilly-le-Malherbe.
Admis le 2 mars 1832.

De Valroger, François-Lucien (5), d'Avranches (Manche).
Admis le 32 mars 1832.

Lemenuet, Léon, de Caen (Calvados).
Admis le 16 août 1832.

---

(1) Avocat général à la Cour de cassation.
(2) Professeur de droit administratif à la Faculté de droit de Strasbourg.
(3) Professeur de Code Napoléon à la Faculté de Poitiers.
(4) Professeur de Code de commerce à la Faculté de Caen.
(5) Professeur d'histoire du droit à la Faculté de droit de Paris.

Bardout, Paul-Thomas-François, de Caen (Calvados).
Admis le 23 août 1832.

Trolley, François-Alfred (1), de Nederzwallen (Hollande).
Admis le 24 août 1832.

Faculté de droit de Rennes.

Gougeon, Charles (2), de Vitré (Ille-et-Vilaine).
Admis le 24 février 1832.

Bidard, Léopold-Marie, de Lorient (Morbihan).
Admis le 2 mars 1832.

Hamon, Louis-Marie, de Tréguier (Côtes-du-Nord).
Admis le 2 mars 1832.

Jouault, Marin, de Rennes (Ille-et-Vilaine).
Admis le 20 avril 1832.

Loysel, Joseph-Michel, de Louvigné du Désert (Ille-et-Vilaine).
Admis le 24 mai 1832.

Faculté de droit de Grenoble.

Gautier, Jean-Baptiste-Louis (3), de Grenoble (Isère).
Admis le 28 janvier 1832.

Gueymard, Victor-Auguste (4), de Corps (Isère).
Admis le 28 août 1832.

ANNÉE 1833.

Faculté de droit de Paris.

Moulin, Gabriel-Michel, de Clermont-Ferrand (Puy-de-Dôme).
Admis le 23 février 1833.

Lépaulard, Jean-Nicolas, de Dondeville (Seine-Inférieure).
Admis le 30 août 1833.

Hibon, Marie-Ferdinand, de l'île Bourbon.
Admis le 1er juillet 1833.

---

(1) Professeur de droit administratif à la Faculté de Caen.
(2) Professeur de droit administratif de la Faculté de Rennes.
(3) Ancien professeur de Code Napoléon à la Faculté de Grenoble et ancien doyen.
(4) Professeur de droit commercial à la Faculté de Grenoble.

LEBRUN, Nicolas, de Champlemy (Nièvre).
Admis le 1er août 1833.

PHILIPPESKO, Démétrius, de Bucharest (Valachie).
Admis le 1er août 1833.

GOULEMIS, Constantin, de Missolonghi (Grèce).
Admis le 1er août 1833.

DESLINSEL, Émile-Auguste-Hubert (1), de Wavrechain (Nord).
Admis le 5 août 1833.

LOUYER-VILLERMAY, Jean-Eugène-Dieudonné, de Paris (Seine).
Admis le 12 août 1833.

PARMENTIER, Hector-Eugène-Joseph, d'Arras (Pas-de-Calais).
Reçu le 17 août 1833.

BONNIER, Édouard-Louis-Joseph (2), de Lille (Nord).
Admis le 17 août 1833.

MABILLE, Albert (3), de Valenciennes (Nord).
Admis le 30 août 1833.

Faculté de droit d'Aix.

CRESP, Pierre-Philippe (4), de Marseille (Bouches-du-Rhône).
Admis le 12 mars 1833.

Faculté de droit de Strasbourg.

DATTAS, Pierre, de Lyon (Rhône).
Admis le 30 août 1833.

BLAISE, François-Antoine, de Bitche (Moselle).
Admis le 22 juillet 1833.

KLIMRATH, Jean-Henri-Daniel (5).
Admis le 10 juillet 1833.

Faculté de droit de Toulouse.

LEZAT, Jean-Paul-Hippolyte, de Caubiac (Haute-Garonne).
Admis le 31 août 1833.

---

(1) Maire d'Onnaing (Nord).
(2) Professeur de procédure civile et de législation criminelle à la Faculté de droit de Paris.
(3) Ancien notaire à Valenciennes.
(4) Professeur de droit commercial à la Faculté d'Aix.
(5) Auteur de travaux estimés sur l'histoire du droit. (Décédé).

Faculté de droit de Dijon.

BELIME, William (1), de Dijon (Côte-d'Or).
Admis le 10 août 1833.

PONSOT, Denis-Adolphe, de Longeault (Côte-d'Or).
Admis le 16 juillet 1833.

Faculté de droit de Poitiers.

DE SAINT-NEXANT-BLANC, Armand-Charles, de Bellac (Haute-Vienne).
Admis le 7 août 1833.

Faculté de droit de Caen.

CHAMPIN, François-Abel, de Saint-Sylvain (Calvados).
Admis le 19 décembre 1833.

ANNÉE 1834.

Faculté de droit d'Aix.

D'HAUTHUILLE, Louis-Alban-Valentin (2), de Carpentras (Vaucluse).
Admis le 27 novembre 1834.

Faculté de droit de Rennes.

MICHEL-MORVONNOIS, Charles, de Rennes (Ille-et-Vilaine).
Admis le 4 avril 1834.

HENNEAU, Napoléon-Marie, de Rennes (Ille-et-Vilaine).
Admis le 15 avril 1834.

Faculté de droit de Paris.

PASQUIER, Louis-Étienne, de Coulans (Sarthe).
Admis le 2 janvier 1834.

DELAFOLLY, Philibert-François-Aristide, de Seurre (Côte d'Or).
Admis le 3 février 1834.

SAUNAC, Guillaume-Jules, de Dijon (Côte-d'Or).
Admis le 12 mai 1834.

---

(1) Professeur de Code Napoléon à la Faculté de Dijon, auteur de travaux estimés sur droit. (Décédé).

(2) Suppléant à la Faculté de droit d'Aix. (Décédé).

BOCHET, Edme-Auguste-Joachim, de Rome (Italie).
Admis le août 1834.

JOUSSELIN, François Marie-Joseph (1), de Paris (Seine).
Admis le août 1834.

VUATRIN, Édouard-Auguste (2), de Besançon (Doubs).
Admis le août 1834.

DERVIEU, Jean-Jacques-François, de Lyon (Rhône).
Admis le 24 juillet 1834.

DE MONSEIGNAT, Charles-Félix, de Paris (Seine).
Admis le 4 août 1834.

Faculté de droit de Poitiers.

PEYROT, Antoine-Joseph, de Strasbourg (Bas-Rhin).
Admis le 22 janvier 1834.

BONNET, Armand-Benjamin, d'Ayron (Vienne).
Admis le 1er février 1834.

PERVINQUIÈRE, Abel (3), de Radegonde-la-Vineuse.
Admis le 9 août 1834.

MÉTAYER, Pierre, de Mazeuil (Vienne).
Admis le 16 août 1834.

LAURENDEAU, Charles-Joseph, de Broussais (Vienne).
Admis le 16 août 1834.

Faculté de droit de Dijon.

GEISWELER, Jean-Gustave, de Nuits (Côte-d'Or).
Admis le 2 janvier 1834.

Faculté de droit de Strasbourg.

BOERSCH, Gustave-Adolphe, de Strasbourg (Bas-Rhin).
Admis le 19 août 1834.

Faculté de droit de Grenoble.

ROMAND, François-Marie-Pierre-Achille, de Grenoble (Isere).
Admis le 29 avril 1834.

---

(1) Avocat à la Cour de cassation.
(2) Professeur de droit administratif à la Faculté de Paris.
(3) Professeur de Code Napoléon à la Faculté de droit de Poitiers.

TERNET, Pierre-Joseph, de Loriol (Drôme).
Admis le 26 août 1834.

Faculté de droit de Toulouse.

MIEGEMOLLE, Edmond, de Toulouse (Haute-Garonne).
Admis le 22 juillet 1834.

MÉJAN, Jules, de Montpellier (Hérault).
Admis le 31 juillet 1834.

CABANTOUS, Louis-Pierre-François (1), de Limoges (Haute-Vienne).
Admis le 11 août 1834.

BOURBEAU, Louis-Ollivier (2), de Poitiers (Vienne).
Admis le 11 août 1834.

ANNÉE 1835.

Faculté de droit de Paris.

TERNAUX, Pierre-Édouard, de Paris, (Seine).
Admis le 26 janvier 1835.

HECQUET DE ROQUEMONT, Adolphe-Albert-Clément, d'Abbeville (Somme).
Admis le 16 février 1835.

REVERCHON, François-Alexis-Émile (3), de Laferrière (Doubs).
Admis le 18 mai 1835.

BELIN, Pierre-Louis, de Valence (Drôme).
Admis le 16 mars 1835.

DE PAUMULLE, René-Aurélien, de Saint-Florent (Cher).
Admis le 20 août 1835.

RIVOLET, Charles-Claude, de Paris (Seine).
Admis le 20 août 1835.

---

(1) Professeur de droit administratif à la Faculté d'Aix.
(2) Professeur de procédure civile et législation criminelle à la Faculté de droit de Poitiers.
(3) Ancien maître des requêtes au conseil d'État ; avocat à la Cour de cassation et au conseil d'État.

De Lambel, Alexandre-Pierre-François, de Paris (Seine).
Admis le 20 août 1835.

Moutard, Martin-Charles, de Paris (Seine).
Admis le 20 août 1835.

Guépin, Léon, d'Angers (Maine-et-Loire).
Admis le 30 août 1835.

Baillet, Eugène-Léon-Théodore-Adolphe, de Bergerac (Dordogne).
Admis le 31 août 1835.

Caurant, Hippolyte-Louis-Marie, de Quimperlé (Finistère).
Admis le 31 août 1835.

Garabis, Julien-Marie, de Quimper (Finistère).
Admis le 31 août 1835.

Morin, Pierre-Achille (1), de Rouen (Seine-Inférieure).
Admis le 31 août 1835.

Rapine de Sainte-Marie, Marc-Gilbert-Louis-Adrien, de Nevers (Nièvre).
Admis le 31 août 1835.

Taillefert, Pierre-François-Alcide, de Niort (Deux-Sèvres).
Admis le 31 août 1835.

Maurocordatos, Georges-Alexandre (2), de Constantinople (Turquie).
Admis le 31 août 1835.

Faculté de droit de Poitiers.

Brou-Chasseignac, Ernest-Siméon, d'Angoulême (Charente).
Admis le 31 août 1835.

Barbier, Dauphin-François-Aimé, de Poitiers (Vienne).
Admis le 31 août 1835.

Machelard, Eugène (3), de Carpentras (Vaucluse).
Admis le 31 août 1835.

Chassériau, Bernard-Benjamin, de Rochefort (Charente-Inférieure).
Admis le 25 novembre 1835.

---

(1) Avocat à la Cour de cassation, auteur de travaux très-estimés dans le droit criminel.
(2) Professeur à l'Université d'Athènes.
(3) Professeur de droit romain à la Faculté de droit de Paris.

Faculté de droit de Rennes.

LOYSEL, Ferdinand-Jean-Marie-Joseph, de Rennes (Ille-et-Vilaine).
Admis le 10 août 1835.

AUFFRET, Corentin, de Langolen (Finistère).
Admis le 14 août 1835.

Faculté de droit de Caen.

HOMMEY, Charles-Louis, d'Alençon (Orne).
Admis le 12 janvier 1835.

CAUVET, Paul-Jules (1), de Caen (Calvados).
Admis le 21 février 1835.

Faculté de droit de Strasbourg.

VEST, Auguste-César (2), de Soultz (Haut-Rhin).
Admis le 19 janvier 1835.

Faculté de droit de Toulouse.

PEYRUSAT, Paul, de Saint-Girons (Ariége).
Admis le 11 décembre 1835.

ANNÉE 1836.

Faculté de droit de Paris.

JOURNÈS, Geneviève-Joseph-Laurent, de Grenoble (Isère).
Admis le 11 avril 1836.

JARACZEWSKI, Théodore, de Jaworowo (Pologne).
Admis le 25 avril 1826.

DUCROS, Eugène-Paul-Austerlitz, de Castres (Tarn).
Admis le 16 mai 1836.

MARTIN, Jacques-Antonin dit Isidor, de Conches (Saône-et-Loire).
Admis le 4 juin 1836.

---

(1) Professeur de droit romain à la Faculté de droit de Caen.
(2) Préfet de la Haute-Garonne (1856).

HAMON, René-Amédée, du Mans (Sarthe).
Admis le 13 août 1836.

DELABARRE DE-NANTEUIL, Louis-Eustache-Théodore de Paris (Seine).
Admis le 22 août 1836.

LALLIER, François, de Joigny (Yonne).
Admis le 22 août 1836.

LAPLACE, Charles-Gilbert-Alexandre (1), de Paris (Seine).
Admis le 27 août 1836.

MARTEL, Louis-Joseph, de Saint-Omer (Pas-de-Calais).
Admis le 30 août 1836.

OZANAM, Frédéric-Antoine (2), de Milan (Italie).
Admis le 30 août 1836,

PLICHON, Charles-Ignace (3), de Bailleul (Nord).
Admis le 30 août 1836.

VAN-HEEGHE, Charles-Louis-Alexandre, de Cassel (Nord).
Admis le 2 novembre 1836.

Faculté de droit de Poitiers.

LE BOITEUX, Alexis-Firmin, de Vasles (Deux-Sèvres).
Admis le 31 août 1836.

BOUCHER, Émile-Nicolas, de Paris (Seine).
Admis le 31 août 1836.

Faculté de droit de Toulouse.

WAGROUSKI, Stanislas-Antoine (4), de Wolniski (Pologne).
Admis le 1er juillet 1836.

BRESSOLES, Jacques-Denis-Thérèse-Marie-Gustave (5), de Toulouse (Haute-Garonne).
Admis le 12 août 1836.

---

(1) Professeur de droit commercial à la Faculté de Dijon.
(2) Professeur de littérature étrangère à la Faculté des lettres de Paris (décédé).
(3) Ancien député.
(4) Polonais admis directement au doctorat, à raison de ses études en Pologne.
(5) Professeur de Code Napoléon à la Faculté de droit de Toulouse.

Faculté de droit de Dijon.

SIRAUDIN, Christophe-Émilaud-Valentin, de Cerfosse (Côte-d'Or).
Admis le 31 août 1836.

Faculté de droit de Grenoble.

MUGNIER, Jean-Claude, de Vivien-le-Grand (Ain).
Admis le 19 août 1836.

HERMENOUS, Louis (1), de Savigné (Indre-et-Loire).
Admis le 6 août 1836.

Faculté de droit de Strasbourg.

BARBIER, Justin-Charles, de Bar-le-Duc (Meuse).
Admis le 20 mai 1836.

COLLIGNON, Jean-Louis-Augustin, de Metz (Moselle).
Admis le 21 juin 1836.

CONIGLIANO, de Rosières-aux-Salines (Meurthe).
Admis le 9 juillet 1836.

Faculté de droit de Caen.

LE CAVELIER, Pierre-Jules, de Caen (Calvados).
Admis le 19 novembre 1836.

Faculté de droit d'Aix.

BERNARD, Adolphe-Gaspard, d'Aix (Bouches-du-Rhône).
Admis le 15 janvier 1836.

SIGAUDY, Jean-Louis-Emmanuel-Honoré, de Fréjus (Var).
Admis le 26 février 1836.

LOMBARD, Jean-Antoine-Clément (2), de Nice (ancien département des Alpes-Maritimes).
Admis le 22 mars 1836.

DE JULLIENNE, Édouard (3), de Chanteloup (Seine-et-Oise).
Admis le 9 décembre 1836.

---

(1) Secrétaire de la Faculté de droit de Poitiers.
(2) Professeur de Code Napoléon à la Faculté de droit d'Aix.
(3) Secrétaire de la Faculté de droit d'Aix.

CROS, Jean-Pierre, de Carcassonne (Aude).
Admis le 18 mars 1837.

THIBAUD, Jacques, de la Rochefoucauld (Charente).
Admis le 14 août 1837.

LACROMPE-LABOISSIÈRE, Jean-Baptiste, de Fieu (Gironde).
Admis le 14 août 1837.

Faculté de droit de Rennes.

FILATRE-LONGCHAMPS, Joseph-Michel, de Saint-Brice-de-Landelle (Manche).
Admis le 8 mars 1836.

ANNÉE 1837.

Faculté de droit de Paris.

JUIF, François, de Lyon (Rhône).
Admis le 2 janvier 1837.

COGÉ, Henri-Édouard, de Bouchain (Nord).
Admis le 9 janvier 1837.

DORY, Corentin-Alphonse, de Marseille (Bouches-du-Rhône)
Admis le 30 janvier 1837.

GUIOT DE SAINT-REMY, René, de Malzeville (Meurthe).
Admis le 18 mars 1837.

BURGAUD, Jean, de Jarnac (Charente).
Admis le 5 mai 1837.

BABO, Claude-Georges, de Berg-op-Zoom.
Admis le 5 mai 1837.

ODENT, Paul, de Paris (Seine).
Admis le 22 mai 1837.

LEPAGE, Napoléon, de Lens (Pas-de-Calais).
Admis le 30 mai 1837.

MOURIER, Eugène-Nicolas-Clément, de Lisieux (Calvados).
Admis le 30 mai 1837.

AUZIES, Jean-Georges-Étienne-Célestin, de Massat (Ariége).
Admis le 5 juin 1837.

Jouannet, Louis Dourville, de la Guadeloupe.
Admis le 26 juin 1837.

Hayot, Louis, de la Martinique.
Admis le 8 juillet 1837.

Sautton, Pierre-Jules-Marcel, de Bailleau-Lepin (Eure-et-Loir).
Admis le 22 juillet 1833.

Colmet-d'Aage (1), Gabriel-Frédéric, de Paris (Seine).
Admis le 4 août 1837.

Cartelier, Charles-Augustin, de Paris (Seine).
Admis le 1er août 1837.

Richard, Jean-Baptiste, de Lalende (Dordogne).
Admis le 4 août 1837.

Grimault, Théodore, de Marolles-lès-Braux (Sarthe).
Admis le 22 juillet 1837.

Houzel-Lievin, Victor, d'Hesdin (Pas-de-Calais).
Admis le 16 août 1837.

Briot, Charles-Eugène, de Besançon (Doubs).
Admis le 16 août 1837.

De Tholouse, Nicolas-Marie-Henri, de Gayac (Gironde).
Admis le 16 août 1837.

Roman, Jacques-Hippolyte, de Paris (Seine).
Admis le 9 août 1837.

Cottu, Charles-Joseph-Théodore, d'Amsterdam.
Admis le 26 août 1837.

Bosviel, Gabriel-Ambroise, de Saint-Mayme (Dordogne).
Admis le 26 août 1837.

Poux, Pierre-François, d'Authumne (Jura).
Admis le 26 août 1837.

Hardouin (2), Henri-René-Joseph, de Nîmes (Gard).
Admis le 26 août 1837.

Sagnier, Charles-Louis-Alphonse, d'Avignon (Vaucluse).
Admis le 26 août 1837.

---

(1) Professeur de procédure civile à la Faculté de droit de Paris.
(2) Avocat à la Cour de cassation.

CUBAIN, Pierre-Louis-Romain (1), de Laigle (Orne).
Admis le 26 août 1837.

CAMBERNON, Jules-Maurice, de Saint-Nicolas (Manche).
Admis le 31 août 1837.

HÉRON DE VILLEFOSSE, Antoine-Marie-Félix, de Paris (Seine).
Admis le 31 août 1837.

BEAUVAIS, Pierre-Paul-Auguste, de Paris (Seine).
Admis le 31 août 1837.

TIXIER DE LA CHAPELLE, Jean-Baptiste, de Guéret (Creuse).
Admis le 31 août 1837.

FAIVRE, Charles-Marie-François, de Champagnolles (Jura).
Admis le 31 août 1837.

MONTADER, Antoine, de Clermont-Ferrand (Puy-de-Dôme).
Admis le 31 août 1837.

GASLONDE, Charles-Pierre (2), d'Avranche (Manche).
Admis le 31 août 1837.

SURET, Auguste-Charles-Louis, de Paris (Seine).
Admis le 31 août 1837.

BONJEAN, Louis-Bernard (3), de Valence (Drôme).
Admis le 31 août 1837.

BELLET, Louis-Victor, de Magny (Seine-et-Oise).
Admis le 13 décembre 1837.

DUPONT, Antoine-Édouard, de Paris (Seine).
Admis le 13 décembre 1837.

BENOIT, Louis-Marie-Auguste (4), de Saint-Étienne (Loire).
Admis le 15 décembre 1837.

CHAMBELLAN, Charles-Alphonse (5), de Paris (Seine).
Admis le 19 décembre 1837.

---

(1) Auteur d'un traité sur les droits des femmes.

(2) Maître des requêtes au Conseil d'État, ancien professeur à Dijon.

(3) Sénateur, ancien conseiller d'État, auteur de travaux de droit romain.

(4) Auteur d'un traité sur la dot.

(5) Auteur d'études sur l'histoire du droit français.

Bertera, Pierre-Édouard-Sidney, d'Amiens (Somme).
Admis le 19 décembre 1837.

Faculté de droit de Toulouse.

Dabbadie, Antoine-Charles-Adrien, de Bardos (Basses-Pyrénées).
Admis le 27 janvier 1837.

Cros, Jean-Pierre, de Carcassonne (Aude).
Admis le 18 mars 1825.

Thibaud, Jacques, de Larochefoucauld (Charente).
Admis le 14 août 1822.

Lacrompe-Laboissière, Jean-Baptiste, de Fieu (Gironde).
Admis le 14 août 1321.

Faculté de droit de Poitiers.

Durand, Charles, de Poitiers (Vienne).
Admis le 3 janvier 1837.

Faculté de droit de Strasbourg.

Obriot, Auguste, de Châlons-sur-Marne (Marne).
Admis le 25 août 1837.

Faculté de droit de Dijon.

Jolibois, Jean-Baptiste-André, de Chenove (Côte-d'Or).
Admis le 14 août 1837.

Faculté de droit de Rennes.

Lehir, Jean-Louis, de Saint-Pol de Léon (Finistère).
Admis le 23 juin 1837.

Faculté de droit d'Aix.

Guis, Benjamin-Léopold (1), de Volonne (Basses-Alpes).
Admis le 17 mars 1837.

---

(1) Professeur suppléant à la Faculté d'Aix (décédé).

Faculté de droit de Caen.

Lecointe, Louis-Jacques, de Lisieux (Calvados).
Admis le 24 août 1837.

De Guernon, Léon-Charles-Médéric-Esdras, de Saint-Honorine du Fay.
Admis le 25 août 1837.

ANNÉE 1838.

Faculté de droit de Paris.

Demonts, Charles, de Paris (Seine).
Admis le 2 janvier 1838.

Sabataier, Louis-François, d'Agen (Lot-et-Garonne).
Admis le 22 février 1838.

Perrin, Joseph-Anne, de Paris (Seine).
Admis le 13 mars 1838.

Moulinet, Félix-Pierre, de Tours (Indre-et-Loire).
Admis le 1er juin 1838.

Loysel, Hippolyte-Auguste, de Cherbourg (Manche).
Admis le 1er juin 1838.

Bouin de Beaupré, Louis-Denis-Félix-Aimé, de Poitiers (Vienne).
Admis le 1er juin 1838.

Darbon, Xavier-Jean-Germain, de Lisle-en-Vosden (Garonne).
Admis le 16 juillet 1838.

Poitou, Eugène-Louis, d'Angers (Maine-et-Loire).
Admis le 16 juillet 1838.

Lobgeois, Auguste-Édouard, de Nouvion-le-Comte (Aisne).
Admis le 16 juillet 1838.

Demante, Louis-Henri, de Louviers (Eure).
Admis le 6 août 1838.

Gaulot, Louis, de Dijon (Côte-d'Or).
Admis le 6 août 1838.

Dehaut, Marc-Marie-Jacob, de la Martinique.
Admis le 18 août 1838.

Bizet, Pierre-François-Bernard, d'Arlanc (Puy-de-Dôme).
Admis le 31 août 1838.

Gautret, Marie-Delphin, de Montaigu (Vendée).
Admis le 31 août 1838.

Geslin, Louis-Alphonse, de Soissons (Aisne).
Admis le 31août 1838.

Millet, Joseph-Alexis, de Menil-sur-Oger (Maine).
Admis le 31 août 1838.

Vuitry, Adolphe (1), de Sens (Yonne).
Admis le 31 août 1838.

De Belleyme, Charles-Adolphe, de Paris (Seine).
Admis le 25 août 1838.

Ragon, Frédéric-Charles (2), d'Entrains (Nièvre).
Admis le 13 août 1838.

Audemar, Eugène-Auguste, de Toulon (Var).
Admis le 18 décembre 1838.

Vatel, Charles-Joseph, de Versailles (Seine-et-Oise).
Admis le 18 décembre 1838.

Faculté de droit de Grenoble.

Gagnière, Joseph-Jean-Léon, de Saint-Romain d'Albon (Drôme).
Admis le 24 avril 1838.

Faculté de droit de Rennes.

Molroguier, Pierre-Jacques-Charles-Édouard, de Saint-Omer (Pas-de-Calais).
Admis le 22 août 1838.

Faculté de droit de Strasbourg.

Eschbach, Louis-Prosper-Auguste (3), de Phalsbourg (Meurthe).
Admis le 24 février 1838.

---

(1) Conseiller d'État, ancien secrétaire général du ministère des finances.

(2) Professeur de droit romain à la Faculté de droit de Poitiers.

(3) Professeur de Code Napoléon à la Faculté de droit de Strasbourg.

Faculté de droit de Poitiers.

LATOUCHE, Jean-François, de Legris (Sarthe).
Admis le 31 août 1838.

Faculté de droit de Dijon.

CHARBONNIER, Urbain-Maximilien, de Lyon (Rhône).
Admis le 5 avril 1838.

GUILLEMIN, Claude-François, de Vincelle-sur-Seine (Saône-et-Loire).
Admis le 18 août 1838.

HUOT, Césaire, de Pierre-Fontaine (Doubs).
Admis le 18 août 1838.

LACOMME, Claude, de Fravelle (Saône-et-Loire).
Admis le 27 août 1838.

LAPEROUSE, Joseph-Marie-Gustave (1), de Châtillon-sur-Seine (Côte-d'Or).
Admis le 30 août 1838.

Faculté de droit de Toulouse.

MOLINIER, Joseph-Victor (2), de Turin (Piémont).
Admis le 5 février 1838.

BEZY, Jean-Victor-Henri-Madeleine, de Saint-Nicolas le Grave (Tarn-et-Garonne).
Admis le 7 avril 1838.

SMOLENSKI, Hippolyte, de Mlokowo (Pologne).
Admis le 2 mai 1838.

PELLEFIGUE, Jean-Marie, d'Auch (Gers).
Admis le 31 août 1838.

Faculté de droit de Caen.

DOUBLET, Jean-Charles-Joseph, d'Argences (Calvados).
Admis le 15 juin 1838.

---

(1) Ancien suppléant à la Faculté de droit de Dijon, sous-préfet de Sens (1856).
(2) Professeur de droit criminel à la Faculté de Toulouse.

PAYS, Jean-Charles-Édouard, de Mayenne (Mayenne).
Admis le 21 décembre 1838.

ANNÉE 1839.

Faculté de droit de Paris.

DUCHESNE-BEAUMONT, Antoine-Louis-Ernest (1), de Paris (Seine).
Admis le 5 janvier 1839.

PAYELLE, Adrien-Louis-Alphonse-Joseph, de Paris (Seine).
Admis le 5 janvier 1839.

BOURÉ, Joseph-Théophile, de Cressonsacq (Oise).
Admis le 5 février 1839.

SAUZET, Jean-François-Édouard, de Cheylard (Ardèche).
Admis le 25 février 1839.

DENIER, Louis-François, de Bisonde (Haute-Loire).
Admis le 25 février 1839.

MARTIN, Claude-Félix, de Vatan (Indre).
Admis le 4 mars 1839.

RENARD, Jean-Baptiste-Simon-Eugène, de Langres (Haute-Marne).
Admis le 12 mars 1839.

SAUZET DE FABRIAS, Auguste-Henri, de Privas (Ardèche).
Admis le 6 avril 1839.

BOSSE, Antoine-Émile, de Paris (Seine).
Admis le 6 avril 1839.

LAVOCAT, Pierre-Nicolas, de Grenant (Haute-Marne).
Admis le 6 avril 1839.

OTT, Auguste, de Strasbourg (Bas-Rhin).
Admis le 11 mai 1839.

FIEVET, Achille-Alphonse-Louis, de Masny (Nord).
Admis le 4 mai 1839.

---

(1) M. Duchesne-Beaumont, mort à vingt-trois ans, est le jeune docteur dont la mère a fondé dans la Faculté de droit de Paris des prix et médailles.

Grandpierre, Jean-Baptiste-Silvestre-Auguste, de Lille-en-Rigaut (Meuse).

Admis le 16 juillet 1839.

Choque, Emmanuel-Louis-Joseph, de Douai (Nord).

Admis le 8 juillet 1839.

Réquédat, Pierre-Jules, de Paris (Seine).

Admis le 30 août 1839.

Proust, Charles-Stanislas, de Champdeniers (Deux-Sèvres).

Admis le 30 août 1839.

Guyot-Dubuisson-Dussaussay, Alexandre, de Mortagne (Orne).

Admis le 30 août 1839.

Walter, Jean-Baptiste-Léon, de Langres.

Admis le 30 août 1839.

Jary, Charles, de la Guadeloupe.

Admis le 24 août 1839.

De Caqueray, François-Marie-Gaston (1), de Limoges-Fourches (Seine-et-Marne).

Admis le 24 août 1839.

Perrin, Alexandre-Joseph, d'Abbenans (Doubs).

Admis le 19 août 1839.

Grellet, Félix-Sébastien, d'Allègre (Haute-Loire).

Admis le 19 août 1839.

Rouy, Pierre-Eugène, de Raucourt (Ardennes).

Admis le 19 août 1839.

Dieuzeide, Joseph-Philippe-Amédée, d'Auch (Gers).

Admis le 19 août 1839.

Damotte, Pierre-Auguste, de Villars-Montroyers (Haute-Marne).

Admis le 13 novembre 1839.

Faculté de droit de Rennes.

Couyer de la Chesnadière, Joseph-Pierre-Ambroise, de Fougères (Ille-et-Vilaine).

Admis le 15 février 1839.

---

(1) Professeur de droit romain à la Faculté de Rennes.

JULOUX, François-Joseph, de Quimperlé (Finistère).
Admis le 19 juin 1839.

Faculté de droit de Poitiers.

BÉRENGER, Octave-Camille, de Mont-sur-Guenes.
Admis le 2 février 1839.

CHAUVEAU, Adolphe (1), de Poitiers (Vienne).
Admis le 31 août 1839.

Faculté de droit de Toulouse.

BERGEGOL, Jean-Charles-Alexis-Georges, de Floyras (Lot).
Admis le 9 août 1839.

Faculté de droit de Dijon.

BELLIN, Antoine-Gaspard, de Lyon (Rhône).
Admis le 6 août 1839.

DEJOUX, Jean-Baptiste, de Bourbon-Lancy (Saône-et-Loire).
Admis le 29 août 1839.

Faculté de droit de Strasbourg.

LAFOND, Pierre, de Sarlat (Dordogne).
Admis le 16 février 1839.

REBOUL, Louis-Jules, de Pontaix (Drôme).
Admis le 16 mars 1839.

DESTRAIS, Jean-Charles-Édouard (2), de Strasbourg (Bas-Rhin).
Admis le 31 août 1839.

Faculté de droit de Caen.

MALASSIS-CUSSONNIÈRE, Victor, d'Alençon.
Admis le 23 août 1839.

BLANCHE, Armand (3), de Rouen (Seine-Inférieure).
Admis le 27 août 1839.

---

(1) Professeur à la Faculté de droit de Toulouse, auteur de nombreux travaux.

(2) Professeur de procédure civile à la Faculté de droit de Strasbourg.

(3) Avocat à la Cour impériale de Caen, auteur d'un ouvrage sur l'expropriation forcée.

Faculté de droit d'Aix.

LEGRAS, Pierre-Antoine-Marie, de Saint-Denis (île Bourbon).
Admis le 20 décembre 1839.

ANNÉE 1840.

Faculté de droit de Paris.

ANCELOT, Jean-François-Adolphe, de Moulins (Allier).
Admis le 4 janvier 1840.

VIDAL, Saturnin, de Foix (Ariége).
Admis le 20 janvier 1840.

CARLES, Jean-Michel (1), de Tavernes (Var).
Admis le 4 avril 1840.

MAUBERT, Anatole-Hippolyte, de Salins (Jura).
Admis le 25 avril 1840.

BUFFET, Charles-Louis-Henri, de Savigny (Ardennes).
Admis le 18 mai 1840.

TRIAIRE-BRUN, Louis, de Saint-André de Mayencouls (Gard).
Admis le 25 mai 1840.

DURANTON, Antoine-Jean-Baptiste-Frédéric (2), de Paris (Seine).
Admis le 6 juin 1840.

CHAUVIN, Jean-Baptiste-Hippolyte, de Champagnole (Jura).
Admis le 16 juin 1840.

CABANY, François-Ernest, de Paris (Seine).
Admis le 2 juin 1840.

MATHIEU-DUMEZ, Alphonse-Pierre-Marie, de Paris (Seine).
Admis le 2 juin 1840.

LELONG, Gabriel-Philippe, de Chartres (Eure-et-Loire).
Admis le 23 juin 1840.

LEMPEREUR, Augustin-Gabriel-Jean-Baptiste, de Dôle (Jura).
Admis le 20 juillet 1840.

---

(1) Professeur du Code Napoléon à la Faculté de droit d'Aix.
(2) Professeur de Code Napoléon à la Faculté de droit de Paris.

GRANIÉ, Claude-Ferdinand, de Saint-Ceré (Lot).
Admis le 22 août 1840.

BOILEUX, Jacques-Marie (1), de Caen (Calvados).
Admis le 20 août 1840.

LEBAS, Anselme-Pascal-Louis, de Decize (Nièvre).
Admis le 20 août 1840.

CARRÈRE, Frédéric-Jean, de Toulon (Var).
Admis le 31 août 1840.

GERVAIS, Armand-Étienne, d'Avranches (Manche).
Admis le 31 août 1840.

FRANÇOIS, Honoré-Jules, de Sédan (Ardennes).
Admis le 31 août 1840.

DE LESELEUC, Léopold-René, de Saint-Pol de Léon (Finistère).
Admis le 31 août 1840.

PIERRE, Pierre-Alexandre, de Troyes (Aube).
Admis le 8 décembre 1840.

ROQUE, Antoine-César, de Draguignan (Var).
Admis le 8 décembre 1840.

Faculté de droit de Toulouse.

TAILHADE, Félix, de Capbern (Hautes-Pyrénées).
Admis le 13 février 1840.

CLAUSADE, Georges-Jacques-Amédée, de Rabastens (Tarn).
Admis le 10 juillet 1840.

GLEIZES, Jean-François-Joseph-Félix, de Toulouse (Haute-Garonne).
Admis le 14 août 1840.

CONSTANS, Louis, de Guillemot (Tarn-et-Garonne).
Admis le 14 août 1840.

PISSON, Auguste-Jean-Gustave, de Paris (Seine).
Admis le 17 août 1840.

DAVANT, Charles, de Bayonne (Basses-Pyrénées).
Admis le 31 août 1840.

---

(1) Auteur d'ouvrages élémentaires de droit.

CHEVALIER, Hugues, d'Aurillac (Cantal).
Admis le 31 août 1840.

PRADES, Joseph-Jacques-Victor-Flavien, de Saint-Germain-des-Prés (Tarn).
Admis le 31 août 1840.

Faculté de droit de Grenoble.

RIEUSSEC, François-Justinien-Eugène, de Lyon (Rhône).
Admis le 18 juillet 1840.

EYMARD, Joseph-Marie-Michel-Adolphe, de Miribel (Isère).
Admis le 3 août 1840.

Faculté de droit de Poitiers.

LEPETIT, Jacques-François-Alphonse (1), de Poitiers (Vienne).
Admis le 28 janvier 1840.

GRELLAUD, Augustin-Alexandre Ladislas (2), de la Flotte (île de Ré).
Admis le 15 avril 1840.

DELUGIN, Élie-François, de Bouteille (Dordogne).
Admis le 23 juillet 1840.

BEAUPOIL, Louis-Auguste, de Chatellerault (Vienne).
Admis le 26 août 1840.

PATUREAU-LANAUVE, Jean-Théodore-Ernest, de Bonnes (Charente).
Admis le 26 août 1840.

GAUDIN, Fœdora-Antoine-Pierre, de Marennes (Charente-Inférieure).
Admis le 31 août 1840.

MARTIN, Jean-Baptiste-Aristide, de Saint-Vaulry (Creuse).
Admis le 18 août 1840.

Faculté de droit de Strasbourg.

GAST, Marie-Joseph-Alexis, de Saverne (Bas-Rhin).
Admis le 8 février 1840.

DIGOT, Sébastien-Antoine-Augustin, de Nancy (Meurthe).
Admis le 11 juillet 1840.

---

(1) Professeur suppléant à la Faculté de droit de Poitiers.

(2) Professeur suppléant à la Faculté de droit d'Aix.

RIGAUT, Marie-Victor-Joseph, de Bischheim (Bas-Rhin).
Admis le 18 juillet 1840.

VERGÉ, Charles-Henry (1), de Paris (Seine).
Admis le 28 août 1840.

KLÉCKER, Marie-Joseph-Alfred, de Toul (Meurthe).
Admis le 30 novembre 1840.

Faculté de droit d'Aix.

GINOUILHAC, Jacques-Charles-Marie (2), de Montpellier (Hérault).
Admis le 22 août 1840.

ROLLET, Jean-Patrice-Constantin, de Caderousse (Vaucluse).
Admis le 21 août 1840.

Faculté de droit de Rennes.

GUILHE-LACOMBE-DEVILLERS, Louis-Hyacinthe, de Paramé (Ille-et-Vilaine).
Admis le 26 juin 1840.

Faculté de droit de Dijon.

GUYÉTANT, Célestin, des Rippes-d'Acthenas (JURA).
Admis le 27 août 1840.

RIVIERE, Hippolyte-Féréol, d'Aix-en-Othe (Aube).
Admis le 29 août 1840.

CHAVOT, Théodore, de Saint-Martin de Saint-Alencey.
Admis le 22 août 1840.

PIFFOND, Claude-François Eugène, de Dijon (Côte-d'Or).
Admis le 24 août 1840.

TRIPIER, Louis, de Saint-Léger (Yonne).
Admis le 29 août 1840.

Faculté de droit de Caen.

RUPALLEY, Éliacin-Georges, de Caen (Calvados).
Admis le 12 décembre 1840.

---

(1) M. Vergé, secrétaire-adjoint de la haute commission des études de droit, a publié, à la suite d'une mission, un rapport sur l'organisation du droit et des sciences politiques et administratives en Allemagne. Ce rapport a été publié en 1846 par les ordres de M. le comte de Salvandy.

(2) Chargé du cours d'histoire du droit à la Faculté de droit de Toulouse, auteur d'une histoire du régime dotal et de la communauté en France, directeur de la *Revue bibliographique et critique du droit français et étranger.*

ANNÉE 1841.

Faculté de droit de Paris.

BOS, Jean-Émile, de Melun (Seine-et-Marne).
Admis le 5 janvier 1841.

CHOPPIN, Édouard, de Chartres (Eure-et-Loir).
Admis le 5 janvier 1841.

HERMELIN, Philippe-Théodore, de Saint-Florentin.
Admis le 5 janvier 1841.

RIANT, Didier Sylvain-Joseph, de Paris (Seine).
Admis le 5 janvier 1841.

THIBAUT, Désiré-Alexandre, de Paris (Seine).
Admis le 5 janvier 1841.

PLACE, Charles-Philippe, de Paris (Seine).
Admis le 22 janvier 1841.

SALNEUVE, Mathieu-Marie-Claude, d'Aigueperse (Puy-de-Dôme).
Admis le 22 janvier 1841.

DELAAGE. Clément-Jean-Bruno-Gustave, de Saint-Omer (Pas-de-Calais).
Admis le 8 février 1841.

FOURNIER, Paul-Simon-Pierre, de Paris (Seine).
Admis le 13 mars 1841.

TODROS, Alexandre-Vita, de Turin (Piémont).
Admis le 1er avril 1841.

DESROZIERS, Antonin-Victor-Mathieu, de Tonnerre (Yonne).
Admis le 7 avril 1841.

DESMAROUX, Gilbert-Désirat, de Montmaroult (Allier).
Admis le 7 avril 1841.

LELASSEUX, Philibert-Honoré, de Chantenay (Sarthe).
Admis le 26 avril 1841.

MARJOLIN, Georges-François, de Paris (Seine).
Admis le 26 avril 1841.

BLOT, Amable-Philibert, d'Achery (Aisne).
Admis le 12 juin 1841.

Housset, François-Antoine, de Saint-Ay (Loiret).
Admis le 12 juin 1841.

Dupuynode, Michel-Gustave-Pastoureau, de Lhommaise (Vienne).
Admis le 9 juillet 1841.

Bouvier, Camille, de Vienne (Isère).
Admis le 24 juillet 1841.

Gros, Luc-Agathange-Louis, de Frans (Ain).
Admis le 24 juillet 1841.

Mourlon, Claude-Étienne-Frédéric (1), de Chambon (Meuse).
Admis le 11 août 1841.

Pommez, François-Jean-Baptiste-Jules, de Bordeaux (Gironde).
Admis le 6 août 1841.

Cureyras, Jean-Hyacinthe (2), de Poissey (Seine-et-Oise).
Admis le 6 août 1841.

De Lieuvin, Jacques-François, de Deville-lès Rouen (Seine-Inférᵉ).
Admis le 6 août 1841.

Dalemagne, Adolphe-Constant-Louis, de Saint-Omer (Pas-de-Calais)
Admis le 6 août 1841.

Delanoue, Jules, de Sannois (Seine-et-Oise).
Admis le 30 août 1841.

Delvincourt, Dominique-Étienne-Edmond, de Paris (Seine).
Admis le 30 août 1841.

Follin, Victor, de Saint-Valery-en-Caux (Seine-Inférieure).
Admis le 30 août 1841.

Poriquet, Charles-Paul-Eugène, de Paris (Seine).
Admis le 30 août 1841.

Métairie, Pierre-Adolphe, de Champlemy (Nièvre).
Admis le 30 août 1841.

Fougeroux de Campigneulles, Charles-Louis-Jules, de Montreu sur-Mer (Pas-de-Calais).
Admis le 30 août 1841.

---

(1) Auteur de répétitions écrites sur le Code Napoléon et de plusieurs ouvrages de droit, l'un des directeurs de la *Revue pratique de droit*.

(2) Attaché au ministère de la justice.

Petit de Beauverger, Auguste-Edmond, de Paris (Seine).
Admis le 25 août 1841.

Hennequin, Victor-Eugène, de Paris (Seine).
Admis le 25 août 1841.

Cordier, Jacques-Louis-Adolphe, de Lisieux (Calvados).
Admis le 25 août 1841.

Barbier Saint-Hilaire, Étienne-Amédée de Paris (Seine).
Admis le 25 août 1841.

Ducreux, Pierre-Juste, de Maiche (Doubs).
Admis le 25 août 1841.

Renaud, Pierrin-Victorin, de Russey (Doubs).
Admis le 25 août 1841.

Gand, François, de Bar-sur-Ornain (Meuse).
Admis le 11 novembre 1841.

Barberet, Pierre-Henry-Joseph, de Besançon (Doubs).
Admis le 11 décembre 1841.

Faculté de droit de Grenoble.

Grasson, Claude-François-Jules-Casimir, de Grenoble (Isère).
Admis le 20 août 1841.

Granet, François, de Bargemont (Gard).
Admis le 28 août 1841.

Jacquier, Laurent-Félix, de Lyon (Rhône).
Admis le 30 août 1841.

Accarias, Louis-Jean-Baptiste, de Lyon (Rhône).
Admis le 18 novembre 1841.

Faculté de droit de Rennes.

Nabon, Mathieu-Jules, de Reuilly (Indre-et-Loire).
Admis le 28 mai 1841.

Parage, Frédéric-Jean-Dominique, de Champigné (Maine-et-Loire).
Reçu le 16 juillet 1841.

Guilhe Lacombe-Devilliers, Hippolyte, de Parumé (Ille-et-Vilaine).
Admis le 14 décembre 1841.

RAPETTI, Pierre-Nicolas (1), de Bergame (Italie).
Admis le 31 juillet 1841.

Faculté de droit de Strasbourg.

SCHNEEGANS, Louis, de Strasbourg (Bas Rhin).
Admis le 9 février 1841.

PISTOR, Daniel-Frédéric-Louis, de Bergzabern (Bavière rhénane).
Admis le 27 août 1841.

CORNEBOIS, Charles, de Mirecourt (Vosges).
Admis le 18 août 1841.

Faculté de droit de Toulouse.

SAGNIER, Jules, d'Alais (Gard).
Admis le 14 août 1841.

BONNET, François-Charles-Alexandre, de Florensac (Hérault).
Admis le 13 août 1841.

CAUZID, Louis-Émile, de Nismes (Gard).
Admis le 13 août 1841.

Faculté de droit d'Aix.

FÉRAUD, Louis-Joseph-Delphin, de Marseille (Bouches-du-Rhône).
Admis le 13 décembre 1841.

Faculté de droit de Poitiers.

VIGNEAU, Henri, de Tours (Indre-et-Loire).
Admis le 18 janvier 1841.

GINOT, Louis-Eugène, de Poitiers (Vienne).
Admis le 26 juin 1841.

CHASLUS, Louis, de Saint-Amand-Roche-Lavine (Puy-de-Dôme).
Admis le 19 août 1841.

Faculté de droit de Dijon.

DE TINSEAU, Paul-Joseph-Antoine, de Saint-Ilie (Jura).
Admis le 23 janvier 1841.

---

(1) Ancien chargé de cours au collége de France, auteur de travaux sur l'histoire du droit français.

Roy, Paul, de Poligny (Jura).
Admis le 30 août 1841.

Sarrazin, Claude-Joseph-Thadé, de Landresse (Doubs).
Admis le 29 novembre 1841.

Faculté de droit de Caen.

Bertauld, Rodolphe-Hyacinthe, d'Hennequeville (Calvados).
Admis le 1er avril 1841.

Bertauld, Charles-Alfred (1), de Verson (Calvados).
Admis le 25 novembre 1841.

ANNÉE 1842.

Faculté de droit de Paris.

Godemel, Antoine-Joseph-Émile de Riom (Puy-de-Dôme).
Admis le 18 janvier 1842.

Bonne, Louis-Charles, de Guerpont (Meuse).
Admis le 25 janvier 1842.

Esquirou de Parieu, Marie-Louis-Pierre-Félix (2), d'Aurillac (Cantal).
dmis le 3 janvier 1842.

Filassier, Léon, de Maule (Seine-et-Oise).
Admis le 18 janvier 1842.

Martin, Louis (3), de Bellesmes (Orne).
Admis le 18 janvier 1842.

Sallé, Philippe-Louis, de Bourges (Loir-et-Cher).
Admis le 25 janvier 1842.

Imbert, Marie-Antoine-Victor, de Port-au-Prince.
Admis le 21 février 1842.

Bessières, Louis-Achille, de Cahors (Lot).
Admis le 9 avril 1842.

---

(1) Professeur de procédure civile et de législation criminelle à la Faculté de droit de Caen,
(2) Vice-président du Conseil d'État, ancien ministre de l'instruction publique et des cultes.
(3) Professeur de Code Napoléon à la Faculté de droit d'Aix.

TREBOUS, Hippolyte-Marie, de Corcé (Mayenne).
Admis le 12 février 1842.

DANZAS, Marie-Gaspard-Hubert, de Strasbourg (Bas-Rhin).
Admis le 2 avril 1842.

BERMOND, Henri-Louis, de Valence (Tarn).
Admis le 19 avril 1842.

LEMERCIER, Anne-Abel-Louis-David, de Paris (Seine).
Admis le 19 avril 1842.

SERRUZIER, Hector-Frédéric-Théodore (1), de Laon (Aisne).
Admis le 30 avril 1842.

GUILLAUME, Charles-Auguste, de Naives de Saint-Bar.
Admis le 8 juillet 1842.

CUENOT, Jean-Baptiste-Stéphane, d'Ornans (Doubs).
Admis le 8 juillet 1842.

DE PAROY DE LURCY, Louis-Gaspard-Gabriel, de Moulins (Allier).
Admis le 7 juin 1842.

HÉMON, Alexis-Pierre-Henri, du Mans (Sarthe).
Admis le 13 juin 1842.

PEPIN-LE-HALLEUR, Alexandre-Émile (2), de Paris (Seine).
Admis le 1er juillet 1842.

SAPEY, Charles-Alexandre (3), de Paris (Seine).
Admis le 2 août 1842.

LEMAITRE, François-Eugène, de Pré-Saint-Évroult (Eure-et-Loire).
Admis le 2 août 1842.

GROUALLE, Victor-François, de Saint-Lô (Manche).
Admis le 2 août 1842.

CAVILLON, Joseph-François-Auguste, de Saint-Avold (Moselle).
Admis le 2 août 1842.

MERCIECA, François-Louis, de Gray (Haute-Saône).
Admis le 6 août 1842.

PECUCHET, Frédéric-Désiré, de Roquefort (Seine-Inférieure).
Admis le 6 août 1842.

---

(1) Rédacteur au ministère de la justice, auteur d'un précis historique sur les codes français.

(2) Auteur d'une histoire de l'Emphytéose, avocat à la Cour de cassation.

(3) Substitut du procureur-général à la Cour impériale de Paris.

FORIEN, Antoine-Cyprien, de Vercel (Doubs).
Admis le 6 août 1842.

MÈGE, Jacques-Philippe, de Riom (Puy-de-Dôme).
Admis le 29 août 1842.

BOURGON, François-Henri-Joseph, de Besançon (Doubs).
Admis le 30 août 1842.

CAZELLES, Pierre, de Troyes (Aube).
Admis le 30 août 1842.

ÉBELMEN, Louis-Henri, de Baune (Doubs).
Admis le 29 août 1842.

LABLATINIÈRE, Claude-Clément-Marie, de Lyon (Rhône).
Admis le 29 août 1842.

MASSIOT, Stanislas-Léon-Clair, de Nogent-le-Rotrou (Eure-et-Loire).
Admis le 29 août 1842.

CALLET, Charles-Antoine-François, de Besançon (Doubs).
Admis le 30 avril 1842.

CHEVILLOTTE, Simon-Marie, de Semur (Côte-d'Or).
Admis le 30 août 1842.

MATHIEU-BODET, Pierre (1), de Saint-Saturnin (Charente).
Admis le 28 novembre 1842.

Faculté de droit de Grenoble.

ONOFRIO, Jean-Baptiste, de Lyon (Rhône).
Admis le 15 juillet 1842.

GRIMAUD, Marie-Laurent-Joachim-Gustave, de Grenoble (Isère).
Admis le 7 mars 1842.

Faculté de droit de Poitiers.

PERSEVAULT, Louis-Henri, de Marigny-Brizay (Vienne).
Admis le 4 janvier 1842.

VOIX, Alexis-Louis-Charles, de Saintes (Charente-Inférieure).
Admis le 26 avril 1842.

---

(1) Avocat au Conseil d'État et à la Cour de cassation.

Barbier, Charles-Félix, de Civray (Vienne).
Admis le 31 août 1842.

Faculté de droit de Caen.

Trébutien, Pierre-Eugène (1), de Caen (Calvados).
Admis le 8 août 1142.

Le Blond, Étienne-Jacques, de Bernay (Eure).
Admis le 27 août 1842.

Dumesnil, Louis-Protais, de Falaise (Calvados).
Admis le 25 novembre 1842.

Legorgeu, Georges-François, de Vire (Calvados).
Admis le 24 novembre 1842.

Hauttement, Jules-Guillaume, de Caen (Calvados).
Admis le 25 novembre 1842.

Faculté de droit de Srasbourg.

Courvoisier, Charles-Félix, de Baume (Doubs).
Admis le 20 mai 1842.

Muller, Jules-Louis-Edmond, de Strasbourg (Bas-Rhin).
Admis le 14 juin 1842.

Basset du Chevallier, Joseph, de Lunéville (Meurthe).
Admis le 24 août 1842.

Faculté de droit de Dijon.

Journel, Jean, de Lyon (Rhône).
Admis le 10 janvier 1842.

Thierry, Charles-François-Joseph, de Luxeuil (Haute-Saône).
Admis le 19 mars 1842.

Pellaut, Jean-Pierre-Henri, de Clamecy (Nièvre).
Admis le 11 avril 1842.

Versigny, Jean-Victor, de Gray (Haute-Saône).
Admis le 30 avril 1842.

---

(1) Professeur suppléant à la Faculté de Caen.

Fondet, Jean-Hippolyte, de Dôle (Jura).
Admis le 4 juillet 1842.

Migneret, Jean-Baptiste-Stanislas-Martial, de Bordeaux (Gironde).
Admis le 28 novembre 1842.

Millière, Jean-Baptiste, de Lamarche-sur-Saône (Côte-d'Or).
Admis le 8 novembre 1842.

Perrin, Jean-Louis, de Longeau (Haute-Marne).
Admis le 14 juillet 1842.

Joubert, Charles, de Pesmes (Haute-Saône).
Admis le 30 août 1842.

Faculté de droit de Toulouse.

Devaulx, Gilbert-Palamède, de Montaigne-le-Blain (Allier).
Admis le 12 août 1842.

Penavayre, Louis-Eugène, de Soual (Tarn).
Admis le 12 août 1842.

Faculté de droit d'Aix.

Alexis, Jean-Baptiste-Philippe-Édouard, d'Aix (Bouches-du-Rhône).
Admis le 20 janvier 1842.

Heirieis, Alexandre-François, d'Aix (Bouches-du-Rhône).
Admis le 29 avril 1842.

De Roquevaire, Jean-Marie-Louis, de Montpellier (Hérault).
Admis le 7 avril 1842.

Lavocat, Louis-Léon-Lucien, de Dreux (Eure-et-Loire).
Admis le 14 avril 1842.

Gontard, Joseph-Alexandre, de Marseille (Bouches-du-Rhône).
Admis le 24 août 1842.

Chaudon, Louis-Joseph-Adolphe-Marie, de Marseille (Bouches-du-Rhône).
Admis le 12 décembre 1842.

Niel, Joseph-Thomas-Eugène-Jean-Baptiste, de Varages (Var).
Admis le 15 décembre 1842.

ANNÉE 1843.

Faculté de droit de Paris.

ROUSSELIER, Jean-Guillaume-Joseph-Eugène, d'Aimargnes (Gard).
Admis le 2 janvier 1843.

VÉRON-DUVERGER, Alexandre-Jacques (1), de Paris (Seine).
Admis le 2 janvier 1843.

HAUSSMAN, Georges-Édouard (2), de Paris (Seine).
Admis le 2 janvier 1843.

BONNIN, Pierre-Pascal (3), de Bénévent (Creuse).
Admis le 2 janvier 1843.

PETIET, Pierre-Étienne, de Gray (Haute-Saône).
Admis le 11 janvier 1843.

CALMELS, Antoine-Édouard, de Voiteur (Jura).
Admis le 11 janvier 1843.

RICHARD, Pierre-Jacques, de Savennières (Maine-et-Loire).
Admis le 27 janvier 1843.

CABROL-DE-MOUTÉ, Alfred-Joseph, de Rhodez (Aveyron).
Admis le 20 février 1843.

PICOT, Jean-Bonaventure-Charles, de Vuillafans (Doubs).
Admis le 20 février 1843.

LEVRAUD, Victor-Jean-Jacques, de Meaux (Seine-et-Marne).
Admis le 25 février 1843.

FERROUILLAT, Jean-Baptiste, de Lyon (Rhône).
Admis le 2 avril 1843.

BAQUER DE RETAMOSA, Louis-Joseph-Marie-Isidore-Bernard-Onufre, de Madrid (Espagne).
Admis le 2 avril 1843.

COUTURIER-DE-VIENNE, Amable-Félix, de Versailles (Seine-et-Oise).
Admis le 2 avril 1843.

---

(1) Professeur à la Faculté de droit de Paris (cours d'introduction générale à l'étude du droit.

(2) Procureur impérial à Sens.

(3) Chef d'institution à Paris.

Rendu, Ambroise-Augustin-Eugène-Charles-Louis-Marie (1), de Paris (Seine).
Admis le 22 avril 1843.

Allou, Édouard, de Limoges (Haute-Vienne).
Admis le 12 juin 1843.

Massé, Edmond-Pierre, de Tours (Indre-et-Loire).
Admis le 15 juin 1843.

Villequez, François-Ferdinand (2), de Buceylisgy (Haute-Saône).
Admis le 8 juillet 1843.

Colmet de Santerre, Edmond-Louis-Armand (3), de Paris (Seine).
Admis le 8 juillet 1843.

Menesson, Mahomet, de Neufchâtel (Aisne).
Admis le 8 juillet 1843.

De Clermomt-Tonnerre, Gaspard-Paulin-Charles-Aimé, de Paris (Seine).
Admis le 8 juillet 1843.

Anglada, Ernest-Alexandre, de Tours (Indre-et-Loire).
Admis le 15 juillet 1843.

Chenuau, Georges-Victor-Alphonse, de Cholet (Maine-et-Loire).
Admis le 22 juillet 1843.

Caux, Paul-Alexandre-Joseph, de Gournay (Seine-Inférieure).
Admis le 28 août 1843.

Gouazé, Noël-Jean-Baptiste-Élisabeth, de Foix (Ariége).
Admis le 28 août 1843.

Margueritte, Jules, de Paris (Seine).
Admis le 28 août 1843.

Capmas, Charles (4), de Gourdon (Lot).
Admis le 29 août 1843.

Delpuech, Jean, de Vauvert (Gard).
Admis le 29 août 1843.

---

(1) Avocat à la Cour de cassation.
(2) Professeur de Code Napoléon à la Faculté de droit de Dijon.
(3) Professeur suppléant à la Faculté de droit de Paris.
(4) Professeur de droit romain à la Faculté de Dijon.

Mandaroux de Vertamy, Pierre-François-Julien, de Clermond-Ferrand (Puy-de-Dôme).
Admis le 29 août 1843.

Paringault, Jean-Charles-Eugène, de Laon (Aisne).
Admis le 29 août 1843.

Perrot, François-Marie-Charles-Michel, de Clamecy (Nièvre).
Admis le 29 août 1843.

Peyregave, Xiste-Pierre, de Caussens (Gers).
Admis le 31 août 1843.

Rolland, Célestin-Prosper (1), de Fréjus (Var).
Admis le 31 août 1843.

Pilette, Égide-Armand-Désiré, de Saint-Amand (Nord).
Admis le 31 août 1843.

Nasse, Charles, de Lisieux (Calvados).
Admis le 31 août 1843.

Lefrançois, Paul-Méderic, des Places (Eure).
Admis le 31 août 1843.

Lorette, Claude-Henri-Xavier, de Metz (Moselle).
Admis le 31 août 1843.

Varry, Ernest, de Montereaux (Seine-et-Marne).
Admis le 21 août 1843.

Bessat, Jean-Baptiste-Jules-Charles-Aimé, de Marseille (Bouches-du-Rhône).
Admis le 21 août 1843.

Demangeat, Joseph-Charles, de Nantes (Loire-Inférieure).
Admis le 11 août 1843.

Laffore, Antoine-Lin, de Cadix (Espagne).
Admis le 7 août 1843.

Chrétien, Pierre-François, de Mesnil-Gondoniz (Orne).
Admis le 24 août 1843.

Villedieu, Édouard, de Laval (Mayenne).
Admis le 24 août 1843.

Chauffour, Marie-Victor, de Colmar (Haut-Rhin).
Admis le 4 décembre 1843.

(1) Conseiller à la Cour impériale d'Aix.

Faculté de droit d'Aix.

JOUYNE, Zéphirin-Augustin (1), d'Aix (Bouches-du-Rhône).
Admis le 11 juillet 1843.

MOUGINS DE ROQUEFORT, Charles-Joseph (2), d'Aix (Bouches-du-Rhône).
Admis le 24 août 1843.

Faculté de droit de Grenoble.

ROUX, Joseph-Gustave, de Briançon (Hautes-Alpes).
Admis le 31 août 1843.

Faculté de droit de Caen.

DU SAUSSEY, Louis-Édouard, de Coutances (Manche).
Admis le 8 août 1843.

NÉEL, Gustave-Ernest-Marie-Désiré-Denis, de Tinchebray (Orne).
Admis le 29 août 1843.

SOLOMAN, Pierre-Eugène, de Tours (Indre-et-Loire).
Admis le 27 novembre 1843.

Faculté de droit de Poitiers.

NOURRY, Jean-Maximilien-Léopold, de Saintes (Charente-Inférieure).
Admis le 26 janvier 1843.

DUGUÉ, Joseph, de la Roche-Pozay.
Admis le 26 janvier 1843.

GILLET-LEPELLETIER, Jules-Louis-Auguste, de Rochefort (Charente-Inférieure).
Admis le 8 avril 1843.

ROBIN, Henri, de la Rochelle (Charente-Inférieure).
Admis le 8 avril 1843.

MALAPERT, Pierre-Antoine-Frédéric, de Civray (Vienne).
Admis le 31 août 1843.

SORIN-DESSOURCES, Alcime-Jean-Baptiste, de Blanzad (Charente-Inférieure).
Admis le 25 novembre 1843.

---

(1) Juge au tribunal civil d'Aix.
(2) Juge au tribunal civil de Marseille.

Faculté de droit de Dijon.

Regnard, Antoine-François-Édouard, de Villotte-sur-Ource (Côte-d'Or).
Admis le 6 avril 1843.

Dessirier, Léon, de Soissons (Aisne).
Admis le 29 août 1843.

Parigot, Jean-Marie-Évariste, de Dijon (Côte-d'Or).
Admis le 3 août 1843.

Pialat, Claude-Quentin-Paul, de Dôle (Jura).
Admis le 26 août 1843.

Mongin, Joseph-Antoine, de Gray (Haute-Saône).
Admis le 29 août 1843.

Brunot, Bernard, de Vitteaux (Côte-d'Or).
Admis le 25 novembre 1843.

Cival, Claude-Henri-Étienne, de Nuits (Côte-d'Or).
Admis le 25 novembre 1843.

Faculté de droit de Strasbourg.

Leblan, Charles-Nicolas, de Bar-le-Duc (Meuse).
Admis le 21 avril 1843.

Faculté de droit de Toulouse.

Tournamille, Henri-Joseph-Édouard, de Toulouse (Haute-Garonne).
Admis le 16 janvier 1843.

Bourson, Pierre-Hyacinthe-Didier-Julien, de Bergerac (Dordogne).
Admis le 16 janvier 1843.

Carbonell, Joseph-François, d'Ur (Pyrénées-Orientales).
Admis le 9 août 1843.

ANNÉE 1844.

Faculté de droit de Paris.

Dussoub, Jean-Baptiste, de Chalard (Haute-Vienne).
Admis le 8 janvier 1844.

Cailly, Charles, de Metz (Moselle).
Admis le 8 janvier 1844.

Humbert, Gustave-Amédée, de Metz (Moselle).
Admis le 17 janvier 1844.

De Saint-Gresse, Joseph-Charles-Gaspard, d'Auch (Gers).
Admis le 30 janvier 1844.

Cosson, François-Charles (1), de Paris (Seine).
Admis le 30 janvier 1844.

Lamache, Paul (2), de Saint-Pierre-Église (Manche).
Admis le 26 février 1844.

Fleury, Marie-Robert-Léon, de Nantes (Loire-Inférieure).
Admis le 26 février 1844.

De Fresquet, Raymond-Nonnat-Frédéric (3), de Bordeaux (Gironde).
Admis le 16 mars 1844.

Pidancet, Jean-Baptiste-Édouard, de Metz (Moselle).
Admis le 1er avril 1844.

Becot, Joseph-François-Marie, de Paimpol (Côtes-du-Nord).
Admis le 1er avril 1844.

Merville, Félix-Nicolas, de Tours (Indre-et-Loire).
Admis le 12 avril 1844.

Renard, Claude, de Lyon (Rhône).
Admis le 12 avril 1844.

Lesenne, Napoléon-Madeleine, de Sauseuzemane (Seine-Inférieure).
Admis le 12 avril 1844.

Jouannet, Martial-Victor, de Bonnes (Charente).
Admis le 22 avril 1844.

Tournier, Jean-Augustin, de Salins (Jura).
Admis le 3 mai 1844.

Dallemagne, Augustin-Henri, de Paris (Seine).
Admis le 3 mai 1844.

---

(1) Attaché au ministère de l'instruction publique et des cultes.

(2) Professeur de droit romain à la Faculté de droit de Strasbourg.

(3) Professeur de droit romain à la Faculté d'Aix, auteur d'un traité élémentaire sur le droit romain.

Nion, Alfred, de Bacqueville (Seine-Inférieure).
Admis le 3 mai 1844.

Curé de la Chaumelle, Charles-Paul, de Moulins-Engilbert (Nièvre).
Admis le 22 avril 1844.

Buisson, Marin-Hippolyte-Eugène, de Rouen (Seine-Inférieure).
Admis le 18 juin 1844.

Pascal, François, d'Auch (Gers).
Admis le 20 mai 1844.

Mathias, Paul, de Paris (Seine).
Admis le 20 mai 1844.

Bagneris, Henri-Jules, de Douai (Nord).
Admis le 1er juillet 1844.

Dechegoin, Jean-Jacques-Arthur, de Paris (Seine).
Admis le 1er juillet 1844.

De Matha, Antoine-Jean-Eumène, de Thère (île Santorin).
Admis le 1er juillet 1844.

Grout, Nicolas-Jules (1), d'Envermen (Seine-Inférieure).
Admis le 1er juillet 1844.

Rey, Louis-Honoré-Pierre, de Marseille (Bouches-du-Rhône).
Admis le 9 juillet 1844.

Chevalier, Ernest-Amand, de Villers-en-Vexin (Eure).
Admis le 9 juillet 1844.

Dezos de la Roquette, Gabriel-Alexandre-Marie.
Admis le 17 juillet 1844.

Petit Dufrenoy, Armand-Antoine, de Paris (Seine).
Admis le 1er août 1844.

Cariage, Claude, de Vesoul (Haute-Saône).
Admis le 1er août 1844.

Bagneris, Charles-Aimé, de Douai (Nord).
Admis le 9 août 1844.

Deprandière, Maurice-Marie-Antoine, de Lyon (Rhône).
Admis le 9 août 1844.

---

(1) Avocat, membre du Conseil général de la Seine-Inférieure.

Fouant, Adolphe, d'Arras (Pas-de-Calais).
Admis le 9 août 1844.

Grimault, Édouard, de Fontenay (Vienne).
Admis le 9 août 1844.

Lomon, Alexandre-Martin, de Paris (Seine).
Admis le 9 août 1844.

Moraud de Callac, Alphonse-Clément-Adolphe, de Sixt (Ille-et-Vilaine).
Admis le 9 août 1844.

Ravier-Dumagny, Philibert-Antoine-Émile, de Sainte-Foy-lès-Lyon (Rhône).
Admis le 9 août 1844.

Thibaudier, Jacques-André, de Vernaison (Rhône).
Admis le 9 août 1844.

Thiercelin, Jacques-Henri, de la Ferté-sous-Jouare (Seine-et-Marne).
Admis le 9 août 1844.

Vesseron, Damien-Henri, de Sedan (Ardennes).
Admis le 9 août 1844.

Violle, Guillaume-Amable, de Clermont-Ferrand (Puy-de-Dôme).
Admis le 9 août 1844.

Lagrange, Étienne, de Chennerailles (Creuse).
Admis le 16 août 1844.

Philippoteaux, Auguste, de Sedan (Ardennes).
Admis le 29 août 1844.

Chopin, Lazare-Anatole, de Besançon (Doubs).
Admis le 30 août 1844.

Saripolos, Nicolas-Jean, de Larnaca (Cypre).
Admis le 30 août 1844.

Roussel, Ernest, de Sauve (Gard).
Admis le 30 août 1844.

Landon, Paul, de Bordeaux (Gironde).
Admis le 30 août 1844.

Duvergier, Ernest-Léon-Hippolyte-Jacques-Marie, de Roanne (Loire).
Admis le 30 août 1844.

GENTY, Lyé-Frédéric, de Saint-Lyé (Aube).
Admis le 30 août 1844.

RENOUARD, Alfred-Augustin, de Paris (Seine).
Admis le 16 août 1844.

BRIÈRE DE MONDÉTOUR VALIGNY (1), Louis-Clément, de Paris (Seine).
Admis le 29 août 1844.

CATAL, Charles-François-Constant, de Lons-le-Saulnier (Jura).
Admis le 29 août 1844.

DELAMARRE, Louis-Marie, de Paris (Seine).
Admis le 29 août 1844.

GOUIFFES, Antoine-Auguste-Marie, de Quimper (Finistère).
Admis le 29 août 1844.

LAMY, Félix-Émile, de Paris (Seine).
Admis le 29 août 1844.

MEURINNE, Charles-Louis-Gustave (2), de Chevrières (Oise).
Admis le 29 août 1844.

OLLIER, Jean-Robert, de Sainte-Eulalie (Lozère).
Admis le 29 août 1844.

VINET, François-Ferdinand-Émile, de Bourg-lès-Valence (Drôme).
Admis le 26 novembre 1844.

VANGEON, Jules-Roch, de Chartres (Eure-et-Loire).
Admis le 14 décembre 1844.

Faculté de droit de Toulouse.

ADRIAN, Guillaume-Alfred, de Lembty (Puy-de-Dôme).
Admis le 2 avril 1844.

GAZEL, Jules-Édouard, de Limoux (Aube).
Admis le 30 avril 1844.

MANAU, Jean-Pierre, de Moissac (Tarn-et-Garonne).
Admis le 3 août 1844.

---

(1) Ancien chef du cabinet du ministre de la justice, substitut du procureur impérial à Paris.

(2) Ancien auditeur au conseil d'État.

ROUQUAYROL, François-Joseph-Henri, de Saint-Geniez (Aveyron).
Admis le 9 août 1844.

CARBONNELL, Joseph-François, d'Ur (Pyrénées-Orientales).
Admis le 6 août 1844.

BRIQUIBOUL, Jean-Antoine, de la Colombarié (Aveyron).
Admis le 27 avril 1844.

CASTELNAU, Marie-Michel-Mathieu, d'Espalion (Aveyron).
Admis le 30 avril 1844.

Faculté de droit de Dijon.

TRAMBLAY, Henri, de Sargé (Loir-et-Cher).
Admis le 25 avril 1844.

POISOT, Nicolas-Armand, de Dijon (Côte-d'Or).
Admis le 22 août 1844.

Faculté de droit de Poitiers.

GÉNÉBRIAS-GOUTEPAGNON, Louis-Charles, de Belleau (Haute-Vienne).
Admis le 25 janvier 1844.

COYTEUX-DUPORTAL, Pierre-Léonide, de Ruffec (Charente).
Admis le 25 janvier 1844.

COYREAU, Ernest-Charles-Antoine, de Partenay.
Admis le 26 avril 1844.

CHEMISON-DUBOIS, Jean-Baptiste-Gaston, de Rochechouart (Haute-Vienne),
Admis le 31 août 1844.

MOULIADE, Jacques-Jean-François-Léon, de Fontenay (Vendée).
Admis le 31 août 1844.

BOURGNON DE LAYRE, Antoine-Armand-Elzéard, de Poitiers (Vienne).
Admis le 25 novembre 1844.

BAUCHERON, François-Arthur, de Neuvy-Saint-Sépulchre (Indre).
Admis le 25 janvier 1844.

Faculté de droit de Grenoble.

IZOARD, Émile (1), d'Embrun (Hautes-Alpes).
Admis le 3 janvier 1844.

(1) Ancien substitut à Clermont.

Berger, Joseph-Martin-Émile, de Vienne (Isère).
Admis le 15 janvier 1844.

Coullard-Descos, Jean-Baptiste-Édouard, de Saint-Symphorien (Rhône).
Admis le 15 janvier 1844.

Cantel, Auguste-Félicien-Sauvaire (1), des Mées (Basses-Alpes).
Admis le 31 août 1844.

Faculté de droit d'Aix.

Crémieu, Jules-Salomon, de Nismes (Gard).
Admis le 13 juillet 1844.

André, César-Stanislas, de Riaus (Var).
Admis le 19 août 1844.

Olivier, Alban, de la Ciotat (Bouches-du-Rhône).
Admis le 3 décembre 1844.

Faculté de droit de Strasbourg.

Wagner, Charles, de Strasbourg (Bas-Rhin).
Admis le 8 juin 1844.

Boulland, Théodore-François, de Sainte-Menehould (Marne).
Admis le 17 juin 1844.

Thiery, Jean-Pierre, de Valmy (Marne).
Admis le 24 juin 1844.

Kuhlmann, Jean-Benjamin, de Colmar (Haut-Rhin).
Admis le 25 juin 1844.

Lauth, Maximilien, de Strasbourg (Bas-Rhin).
Admis le 16 août 1844.

Faculté de droit de Caen.

Le Bourguignon-Dupéré-Delisle, Eugène-Marcellin, de Caen (Calvados).
Admis le 22 novembre 1844.

Besnard, Georges-Ferdinand-Jean, de Caen (Calvados).
Admis le 25 novembre 1844.

---

(1) Suppléant provisoire à la Faculté de droit de Grenoble.

ANNÉE 1845.

Faculté de droit de Paris.

THIL, Auguste-Léon (1), de Rouen (Seine-Inférieure).
Admis le 20 janvier 1845.

NINNIN, François-Charles-Ernest, d'Haraucourt (Ardennes).
Admis le 20 janvier 1845.

MOULLIN, Louis-Léon, de Paris (Seine).
Admis le 8 février 1845.

BACHELIER, Jacques-Clovis, de Sillé-le-Guillaume (Sarthe).
Admis le 6 février 1845.

LETAILLANDIER, Charles, de Rouen (Seine-Inférieure).
Admis le 24 février 1845.

BOULLENOT, Simon-Auguste, de Beaune (Côte-d'Or).
Admis le 24 février 1845.

DE PARADES, Jean-Charles-Gabriel, de Juillac (Corrèze).
Admis le 1er mars 1845.

JACQUES, Étienne-Ferdinand, de Lettres (Hautes-Alpes).
Admis le 18 mars 1845.

COUSIN, Marie-Jean-Baptiste-Édouard, de Péronne (Somme).
Admis le 1er avril 1845.

HANIN, Jules, de Vassy (Haute-Marne).
Admis le 7 avril 1845.

DE LARMINAT, Marie-Victor-Henry, de Fontainebleau (Seine-et-Marne).
Admis le 5 mai 1845.

BLATIN, Antoine, de Clermont-Ferrand (Puy-de-Dôme).
Admis le 26 mai 1845.

KLIPSCH, Chrétien-Hermann, de Bordeaux (Gironde).
Admis le 24 mai 1845.

MESSANCE, Jean-Baptiste-Louis-Charles, d'Ambert (Puy-de-Dôme).
Admis le 24 mai 1845.

---

(1) Substitut à Rouen.

LAGNIER, Alexandre-Gustave-Nicolas, de Gray (Haute-Saône).
Admis le 2 juin 1845.

BERTHEZÈNE, Émile-Charles-Frédéric, de Montpellier (Hérault).
Admis le 16 juin 1845.

POULAIN, Louis-Marie, de la Basse-Terre (Guadeloupe).
Admis le 2 juin 1845.

BRUN, Henri-Louis-Lucien, de Gex (Ain).
Admis le 1er juillet 1845.

SOURDAT, Auguste-Jean-Baptiste (1), de Chaumont (Haute-Marne).
Admis le 2 juillet 1845.

RAIMBAULT, Pierre-Charles, de Châteaudun (Eure-et-Loir).
Admis le 18 juillet 1845.

LEVAILLANT DE BOVENT, Charles-Albert-Désiré, de Lons-le-Saulnier.
Admis le 18 juillet 1845.

HAVRET, Louis-Joseph, de Vitry-le-Français.
Admis le 18 juillet 1845.

SELLIER, Charles, de Bourguignon sous Mont-Bovin.
Admis le 6 juillet 1845.

PETITJEAN, Francois, de Paris (Seine).
Admis le 26 juillet 1845.

LELONG, Joseph-Eugène, d'Angers (Maine-et-Loire).
Admis le 9 août 1845.

LEROY, Auguste-Daniel, d'Elbeuf (Seine).
Admis le 9 août 1845.

NEUVILLE, Théodore-Antoine-Louis (2), de Paris (Seine).
Admis le 9 août 1845.

DROUET, Louis-Hippolyte, de Sainte-Menehould (Marne).
Admis le 27 août 1845.

DE BEAUMONT, Alphonse-Dériré-Romain, de Douai (Nord).
Admis le 27 août 1845.

---

(1) Substitut à Amiens.
(2) Professeur de Code Napoléon à la Faculté de droit de Dijon.

CAULLET, Augustin-Eugène-Louis, de Douai (Nord).
Admis le 27 août 1845.

BEL, François-Joseph-Henri, de Vuillafans (Doubs).
Admis le 27 août 1845.

AUBIN, Émile-Auguste (1), de Paris (Seine).
Admis le 27 août 1845.

BALLOT, Charles-Jean-Bernard, d'Orléans (Loiret).
Admis le 18 août 1845.

DURAND, Jean-Augustin-Albert, de Chartres (Eure-et-Loir).
Admis le 27 août 1845.

CHAPRON, Almire-Pascal-Désiré, de Montfort (Sarthe).
Admis le 30 août 1845.

CAMPREDON, Pierre-Louis-Joseph-Albert, de Pompidou (Lozère).
Admis le 30 août 1845.

BAZIN, Émile-Auguste, de Saint-Calais (Sarthe).
Admis la 30 août 1845.

MEURINNE, Joseph-Édouard, de Chevrières (Oise), rentier.
Admis le 27 août 1845.

HAZARD, Joseph-Alfred, de Solre-le-Château.
Admis le 27 août 1845.

DELAIRE, Léopold-Jean-Jacques-Alexandre, de Paris (Seine).
Admis le 30 août 1845.

CHAUDÉ, Joseph-Victor-Ernest (2), de Paris (Seine).
Admis le 30 août 1845.

MASSIEU DE CLERVAL, Henri-Louis-Alphonse, de Paris (Seine).
Admis le 30 août 1845.

DES COURTILS, Henri-Charles-Robert, de Paris (Seine).
Admis le 30 août 1845.

PERROT DE CHEZELLES, Joseph-Eugène, d'Amiens (Somme).
Admis le 30 août 1845.

---

(1) Avocat au conseil d'État et à la Cour de cassation.
(2) Ancien avoué, avocat.

BOISSIER, Pierre-Joseph-Louis-Camille, de Nîmes (Gard).
Reçu le 18 août 1845.

MORIN, Camille-Eugène, de Verdun (Meuse).
Admis le 30 août 1845.

THIL, Louis-Charles (1), de Rouen (Seine-Inférieure).
Admis le 30 août 1845.

VIDALIN, Auguste-Louis, de Lyon (Rhône).
Admis le 30 août 1845.

VAUTRAIN, Joseph, de Nancy (Meurthe).
Admis le 30 août 1845.

RAMBOURGT, Armand-Ambroise-Christophe, d'Ervy (Aube).
Admis le 30 août 1845.

BUCHÈRE, Ambroise-Charles, de Paris (Seine).
Admis le 25 novembre 1845.

ROBERT, Charles-Louis, de Coucy-le-Château.
Admis le 25 novembre 1845.

PRON, Marie-Joseph-Auguste (2), de Metz (Moselle).
Admis le 13 décembre 1845.

FOURNIER DES CORATS, Pierre-Joseph, de Moulins (Allier).
Admis le 13 décembre 1845.

Faculté de droit d'Aix.

AMAUDRIC DU CHAFFAUT, Césaire-Léon, de Dignes (Var).
Reçu le 24 juillet 1845.

MOUGINS DE ROQUEFORT, Charles-Eugène (3), de Grasse (Var).
Reçu le 25 juillet 1845.

ANGLÈS, César-Antoine-Marie-Joseph-Charles, de Lyon (Rhône).
Reçu le 1er août 1845.

JALABERT, François-Philippe-Victor-Théophile (4), de Nîmes (Gard).
Reçu le 23 août 1845.

---

(1) Ancien chef du cabinet au ministère des travaux publics.

(2) Préfet de la Sarthe.

(3) Conseiller à la Cour impériale Aix.

(4) Professeur-suppléant à la Faculté de droit d'Aix chargé du cours de Code Napoléon la Faculté de droit de Grenoble 1856 .

Faculté de droit de Caen.

DUPONT, Jules-Gustave, de Caen (Calvados).
Reçu le 12 juillet.

TISON-BEAUMONT, Eugène-Joseph-François, d'Hambie (Manche).
Reçu le août.

MACÉ, Joseph-Auguste, de Valognes (Manche).
Reçu le 31 août.

Faculté de droit de Strasbourg.

SCHWENDT, Ignace-Joseph-Pierre-Jules, d'Ingwiller (Bas-Rhin).
Reçu le 23 janvier.

JAUGEYROUX, Henri-Alfred-Jean-Baptiste, de Melven (Finistère).
Reçu le 29 mars.

BREYNAT, Étienne-Charles-Édouard, de Grenoble (Isère).
Reçu le 28 août.

BREYNAT, Jules-Antoine, de Grenoble (Isère).
Reçu le 26 août.

FRIGNET, Marie-Auguste-Ernest, d'Autry (Ardennes).
Reçu le 16 août.

BERTRAND, Nicolas-Nestor, de Saint-Nicolas (Meurthe).
Reçu le 29 août.

MICHAUT, Louis-Adrien-Gabriel, de Lunéville (Meurthe).
Admis le 31 décembre 1845.

Faculté de droit de Poitiers.

GOURDIN, Delorme-Dominique, de Sanxay (Vienne).
Admis le 25 avril 1845.

CHARREYRON, Pierre-Adrien, de Bellac (Haute-Vienne).
Admis le 28 août 1845.

AUBUGEOIS, Joseph-Victor, de Dorat (Haute-Vienne).
Admis le 30 août 1845.

MINIER, Pierre-Jules (1), de Chinon (Indre-et-Loire).
Admis le 30 août 1845.

(1) Suppléant provisoire à la Faculté de Poitiers, auteur d'un *Précis historique sur le droit rançais.*

Faculté de droit de Toulouse.

BENOIST D'ÉTIVEAUD, Pierre-Henri-Bernard, de Limoges (Haute-Vienne).
Admis le 17 mars 1845.

POUTINGON, Jean-François-Xavier-Jules, de Montpellier (Hérault).
Admis le 11 juillet 1845.

DÉLICEYRY, Pierre, de Pomarez (Landes).
Admis le 11 août 1845.

PONT, Paul-Jean (1), de Barcelonne (Espagne).
Admis le 23 décembre 1845.

Faculté de droit de Grenoble.

BERTIER, Gaspard-Charles-Marie, de Grenoble (Isère).
Admis le 16 janvier 1845.

PELLENC, Charles-Jean, de Paris (Seine).
Admis le 31 mai 1845.

DUMANOIR LE PELLEY, Jacques-Romain-Marie-Armand, de Toulon (Var).
Admis le 30 août 1845.

DIDIER, Hippolyte, de Roanne (Loire).
Admis le 22 novembre 1845.

Faculté de droit de Rennes.

GARDIN DU BOISDULIER, Auguste-Camille-François, de Cesson (Ille-et-Vilaine).
Admis le 17 février 1845.

LEFAS, François-Julien, d'Ercé (Ille-et-Vilaine).
Admis le 1er juillet 1845.

GARNIER-DUPLESSIX, de Rennes (Ille-et-Vilaine).
Admis le 9 juillet 1845.

BESNOU, Édouard-Philippe, de Saint-Malo (Ille-et-Vilaine).
Admis le 12 juillet 1845.

---

(1) Auteur, avec M. Rodière, d'un *Traité sur le Contrat de mariage*. M. Pont est le continuateur de Marcadé; il a fondé et dirige la *Revue critique de législation*. Il est juge au tribunal de première instance de la Seine.

QUERNEST, Charles-Jean-Baptiste, de Rennes (Ille-et-Vilaine).
Admis le 16 mai 1845.

LAIGNEL, Julien-Ange-Anne, de Vitré (Ille-et-Vilaine).
Admis le 21 novembre 1845.

Faculté de droit de Dijon.

RONGET, Jean-Baptiste-Émile, de Montpont (Saône-et-Loire).
Admis le 18 janvier 1845.

GUILLAUME, Jean-Baptiste, de Pusey (Haute-Saône).
Admis le 24 janvier 1845.

LHOMME, Émile-Jules-Désiré, de Byans (Doubs).
Admis le 23 avril 1845.

BOURGOGNE, Jean-Baptiste, de Clamerey (Côte-d'Or).
Admis le 16 août 1845.

BONNE, Louis, de Mâcon (Saône-et-Loire).
Admis le 16 août 1845.

GOGUEL, Charles-Auguste-Alexandre, de Montbéliard (Doubs).
Admis le 21 août 1845.

BÉCHET, Jean-Baptiste-Eugène, de Besançon (Doubs).
Admis le 28 août 1845.

POUGET DE SAINT-ANDRÉ, Pierre-Joseph-Émile (1), de l'île Maurice.
Admis le 30 août 1845.

JOLIET, Claude-Bernard-Marguerite-Henri, de Dijon (Côte-d'Or).
Admis le 30 août 1845.

JOBARD, Louis-Charles, de Gray (Haute-Saône).
Admis le 11 novembre 1845.

ANNÉE 1846.

Faculté de droit de Paris.

DEGANS, François-Antoine, d'Aigueperse (Puy-de-Dôme).
Admis le 2 janvier 1846.

CALEMARD DU GENESTOUX, Achille-François-Joseph.
Admis le 2 janvier 1846.

---

(1) Ancien sous-chef au cabinet de M. de Salvandy, ministre de l'instruction publique.

DUBOUCHET, Jean-Baptiste, de Saint-Julien en Jauet.
Admis le 2 janvier 1846.

BOULLOCHE, Paul-Alexandre, de Reims (Marne).
Admis le 2 janvier 1846.

THÉRION, Vallery-Jean-Victor-Honoré, de Saint-Calais (Sarthe).
Admis le 10 janvier 1846.

TRIANON, Charles-Jules, de Paris (Seine).
Admis le 2 janvier 1846.

PELBOIS, Victor-Louis, de Chamant (Oise).
Admis le 2 janvier 1846.

MASSIN, Nicolas-Augustin (1), de Pressigny (Haute-Marne).
Admis le 16 février 1846.

AVISSE, Louis-Henri-Eugène, de Dreux (Eure-et-Loir).
Admis le 7 avril 1846.

COQUILLIETTE, André-Auguste, de Soissons (Aisne).
Admis le 7 avril 1846.

DURAND, François-Jacques-Gaston, de Montpellier (Hérault).
Admis le 7 avril 1846.

LEBON, Pierre-Alfred, d'Issoudun (Indre).
Admis le 7 avril 1846.

PINARD, Pierre-Ernest (2), d'Autun (Saône-et-Loire).
Admis le 7 avril 1846

VILLEFORT, Gabriel-Jacques-Joseph, de Moulins (Allier).
Admis le 25 avril 1846.

ROLLAND, Antoine-Jules, de Lyon (Rhône).
Admis le 25 avril 1846.

BRIVES-CAZES, Joseph-Jacques-Honoré-Émile, de Bordeaux (Gironde).
Admis le 15 mai 1846.

COCHIN, Pierre-Suzanne-Augustin (3), de Paris (Seine).
Admis le 19 mai 1846.

---

(1) Avocat général près la Cour impériale de Dijon.

(2) Substitut du procureur général à Paris.

(3) Maire du 10e arrondissement de la ville de Paris, membre du Couseil général des hospices, lauréat de l'Institut.

Bodin, Charles-Edmond (1), de Maineville (Eure).
Admis le 28 mai 1846.

Hamel, Charles-Marie-Edme, d'Arpajon (Seine-et-Oise).
Admis le 6 mai 1846.

Torchon, Augustin-Étienne, de Bourges (Cher).
Admis le 6 mai 1846.

Gambet, Henri-Prosper, de Brienne-le-Château (Aube).
Admis le 9 juin 1846.

Charmensat dit Aimet, Jean-Joseph-Barthélemy-Théodore, de Clermont-Ferrand (Puy-de-Dôme).
Admis le 19 juin 1846.

Picart, Louis-Joseph-Ernest, de Paris (Seine).
Admis le 1er juillet 1846.

Cammartin, Élie-Jean-Ernest, de Bordeaux (Gironde).
Admis le 1er juillet 1846.

Corda, François-Victor-Augustin, de Vitry-le-Français (Marne).
Admis le 6 août 1846.

De Forcade de La Roquette, Jean-Louis-Victor, de Paris (Seine).
Admis le 28 juillet 1846.

Patte, Jean-Joseph-Éliacin, de Cazères (Hautes-Pyrénées).
Admis le 11 juillet 1846.

De Guiringaud, Jean-Pierre-Hélène-Ernest, de Saint-Nicolas la Grave.
Admis le 11 juillet 1846.

Ribière, Charles-Hippolyte, de Champlay (Yonne).
Admis le 26 août 1846.

Millet, Louis-Joseph, de Saint-Pierre (Martinique).
Admis le 26 août 1846.

Laburthe, Antoine, de Pouillon (Landes).
Admis le 26 août 1846.

Desguerrois, Pierre-Henri, de Troyes (Aube).
Admis le 26 août 1846.

---

(1) Professeur de droit romain à la Faculté de droit de Rennes.

YVERT, Augustin-Édouard, de Versailles (Seine-et-Oise).
Admis le 29 août 1846.

NOISETTE, Paul-François-Léon, de Pont-à-Mousson (Meurthe).
Admis le 29 août 1846.

MAZEL, Alcide-Hippolyte-Théophile, de Saint-Jean de Ceiragues.
Admis le 29 août 1846.

BUISSON, Jean-Baptiste, de Limoges (Haute-Vienne).
Admis le 29 août 1846.

BERGER, Jacques-Guillaume-Léon, de Paris (Seine).
Admis le 29 août 1846.

BOUDIER, Bernard, de Juillac (Gironde).
Admis le 27 août 1846.

PILLON DE SAINT-CHEREAU, Charles, de Mezeray (Sarthe).
Admis le 27 août 1846.

GERTOUX, Jacques-Bernard-Maxime-Calixte, de Guchen (Hautes-Pyrénées).
Admis le 27 août 1846.

COSNARD-DESCLOZETS, Edme-Henri-Théodore, de Bretteville-sur-Odon (Calvados).
Admis le 27 août 1846.

BONNET, Jacques-Victor, de Maintenon (Eure-et-Loir).
Admis le 27 août 1846.

BERTHERAND, Paul-Arthur, de Reims (Marne).
Admis le 27 août 1846.

CAZOT, Théodore-Jules-Joseph, d'Alais (Gard).
Admis le 26 août 1846.

PÉCHIN, François-Marie-Édouard (1), de Langres (Haute-Marne).
Admis le 20 août 1846.

DOMENGET, Louis-David-Léo, de Bergerac (Dordogne).
Admis le 20 août 1846.

ADAM, Paul-Louis, de Carentan (Manche).
Admis le 20 août 1846.

(1) Sous-préfet de Remiremont (Vosges).

Bruneau, Eugène-Gabrielle-Félix, de Foix (Arriége).
Admis le 26 novembre 1846.

Boulanger, Émile-Henri-Tony, de Reims (Marne).
Admis le 19 décembre 1846

Gabaldo, François-Barthélemy, de Béziers (Hérault).
Admis le 19 décembre 1846.

Forgeot, Nicolas-Henri, de Belan-sur-Ource (Côte-d'Or).
Admis le 19 décembre 1846.

De Soland, Théobald, d'Angers (Maine-et-Loire).
Admis le 19 décembre 1846.

Faculté de droit de Rennes.

Vatar, Paul-Marie, de Rennes (Ille-et-Vilaine).
Admis le 30 juillet 1846.

Rivaud, Gaston-François, d'Angoulême (Charente).
Admis le 5 décembre 1846.

Faculté de droit de Toulouse.

Poque, Raimond-Benjamin-Faustin, d'Ossun (Basses-Pyrénées).
Admis le 15 janvier 1846.

Devoisins, Marie-Hippolyte, de Giroussens (Tarn).
Admis le 15 janvier 1846.

Daguilhon, Raimond-Louis-Charles, né à Lavaur (Tarn).
Admis le 7 août 1846.

Dayrem, Louis-Vincent-Adolphe, de Saint-Clos (Gironde).
Admis le 11 août 1846.

Delpech, Jean-Henri, de Bordeaux (Gironde).
Admis le 13 novembre 1846.

Dulamon, Michel-Armand, de Mont-de-Marsan (Landes).
Admis le 28 décembre 1846.

Faculté de droit de Grenoble.

Giraud, Michel-Félix, de Grenoble (Isère).
Admis le 17 janvier 1846.

ARNAUD, Victor, de Grenoble (Isère).
Admis le 20 janvier 1846.

BAUDET, Louis-Auguste, d'Abrets (Isère).
Admis le 17 janvier 1846.

DOSSAT, Jacques-Jean-Baptiste-Alphonse, de Grenoble (Isère).
Admis le 4 avril 1846.

PÉRIER, Louis-Frédéric (1), de Grenoble (Isère).
Admis le 4 avril 1846.

EYMARD, Michel-Alexandre-Gustave, de Grenoble (Isère).
Admis le 27 août 1846.

DOREY, Ferdinand-Gustave-Alexandre, de Montmirail (Drôme).
Admis le 26 août 1846.

BIGILLION, de Grenoble (Isère).
Admis le 25 août 1846.

Faculté de droit de Poitiers.

GODET, Pierre-Arthur, de Fontenay-le-Comte (Vendée).
Admis le 26 janvier 1846.

BABINET, Jean-Charles, de Paris (Seine).
Admis le 2 avril 1846.

AUGEARD, Charles-Désiré, de Châtellerault (Vienne).
Admis le 25 juillet 1846.

HÉLIE, Ernest, de Lencloître (Vienne).
Admis le 27 novembre 1846.

RICHARD-MAISONNEUVE, Jean-François-Théodore, de Melle (Deux-Sèvres).
Admis le 31 août 1846.

Faculté de droit d'Aix.

CREST, Marie-Fortuné, d'Aix (Bouches-du-Rhône).
Admis le 4 mai 1846.

---

(1) Professeur suppléant à la Faculté de droit de Grenoble.

Faculté de droit de Strasbourg.

Munschina, Ange-Balthazar, de Strasbourg (Bas-Rhin).
Admis le 28 février 1846.

Varnier, Alexis-Ernest, de Dizier (Haute-Marne).
Admis le 26 novembre 1846.

Faculté de droit de Dijon.

Dumont, Hector-Pierre, de Charolles (Saône-et-Loire).
Admis le 24 avril 1846.

Mathieu, François-Anne-Ernest, de Dijon (Côte-d'Or).
Admis le 25 avril 1846.

Matagrin, Jean-Claude-Amédée, de Taran (Rhône).
Admis le 23 avril 1846.

Meneret, Pierre-François-Marie, de Paris (Seine).
Admis le 10 août 1846.

Péquignot, Jean-Nicolas-Léon, de Besançon (Doubs).
Admis le 19 novembre 1846.

Chevelet, Jean-Baptiste-Anatole, de Dôle (Jura).
Admis le 23 novembre 1846.

De Valons, Camille-Marie, de Fleurieux-sur-l'Enbresle (Rhône).
Admis le 25 novembre 1846.

Faculté de droit de Caen.

Le Monnier, Charles-Adrien, de Pont-Audemer (Eure).
Admis le 23 février 1846.

Daligauth, Hippolyte-Léandre, de Lépinay-le-Comte (Orne).
Admis le 19 mars 1846.

Lingelle, Alexandre-Pierre-Amédée, de Paris (Seine).
Admis le 31 août 1846.

Hue, Louis-André-Xavier-Athanase, de Bolbec (Seine-Inférieure).
Admis le 1er août 1846.

Bordeaux, Jacques-Hippolyte-Raymond, de Lisieux (Calvados).
Admis le 25 novembre 1846.

ANNÉE 1847.

Faculté de droit de Paris.

LOUIS, Laurent-Benoît, de Rugles (Eure).
Admis le 11 janvier 1847.

LÉON, Germain-Désiré, d'Orléans (Loiret).
Admis le 11 janvier 1847.

DELAROCHE, Julien, de Mansigné (Sarthe).
Admis le 11 janvier 1847.

BULLY, Joseph-Ambroise, de Meaux (Seine-et-Marne).
Admis le 11 janvier 1847.

HOFFMANN, Gustave, d'Hunawihr (Haut-Rhin).
Admis le 1er février 1847.

CHARTON, Hély-Stanislas, de Poligny (Jura).
Admis le 1er février 1847.

PORLIER, Louis-Auguste (1), de Paris (Seine).
Admis le 19 janvier 1847.

WALLON, Paul-Édouard, de Montauban (Tarn-et-Garonne).
Admis le 1er février 1847.

DE LA RUELLE, André-Marie, de Nancy (Meurthe).
Admis le 10 mars 1847.

PETIT, Étienne-Joseph, de Rance (Aube).
Admis le 27 février 1847.

TISSIER, Charles, de Poirgy (Aube).
Admis le 27 février 1847.

MAUROCORDATO, Démétrius, de Constantinople (Turquie).
Admis le 13 février 1847.

LOMBARD, Jean-Baptiste-Adolphe-Toussaint, de Bar-le-Duc (Meuse).
Admis le 1er avril 1847.

LEFRANC, Victor-Aimé-Histe, de Cambrai (Nord).
Admis le 20 avril 1847.

---

(1) Sous-chef au ministère de l'agriculture, du commerce et des travaux publics.

CLAYE, Alphonse-Joseph-Firmain, de Toul (Meurthe).
Admis le 16 avril 1847.

COSTE, Marie-Jacques-Ernest, de Pézénas (Hérault).
Admis le 16 avril 1847.

DEMANTE, Auguste-Gabriel (1), de Paris (Seine).
Admis le 16 avril 1847.

ÉCOIFFIER, François, de Dôle (Jura).
Admis le 16 avril 1847.

PERROT DE CHEZELLES, Jules-Bon-Henri, de Melun (Seine-et-Marne).
Admis le 16 avril 1847.

BEAUTEMPS-BEAUPRÉ, Charles-Jean, de Saint-Pierre-Miquelon (Terre-Neuve).
Admis le 7 juin 1847.

PAUFFIN, Jean-Baptiste-Henri, de Rethel.
Admis le 15 juin 1847.

BENOIST, Marie-Edme-Gustave, de Paris (Seine).
Admis le 15 juin 1847.

CHAMBODUC DE SAINT-FULGENT, Jean-Marie-François, de Montbrison (Loire).
Admis le 15 juin 1847.

SEMENT, Jacques-Xavier, de Thionville (Eure).
Admis le 12 juillet 1847.

CONNELLY, Charles-Joseph-Edmond, de Neuville (Pas-de-Calais).
Admis le 12 juillet 1847.

BRETHON, Théophile-Marie-Louis-Henri, de la Voulte (Ardèche).
Admis le 12 juillet 1847.

PERADON, Cyprien-Joachim, de Courtenay (Loiret).
Admis le 21 août 1847.

DARESTE DE LA CHAVANNE, Cléophas-Madeleine-Adolphe (2), de Paris (Seine).
Admis le 21 août 1847.

WILLEMS, Alfred-Florent, de Dunkerque (Nord).
Admis le 21 août 1847.

---

(1) Professeur de droit romain à la Faculté de droit de Toulouse.
(2) Avocat au conseil d'État et à la Cour de cassation, docteur ès-lettres.

CONSTANT, Aimé-Louis-Alfred, de Rozoy-sur-Sèvre (Aisne).
Admis le 21 août 1847.

HEYRE, Joseph (1), de Meru (Oise).
Admis le 21 août 1847.

POIRIER, Pierre-François-Léopold, de Barbezieux (Charente).
Admis le 21 août 1847.

LEMARIÉ, François-Marie-André-Hyacinthe, de Paris (Seine).
Admis le 19 août 1847.

DELARUE, Armand, de Lonhans (Saône-et-Loire).
Admis le 7 août 1847.

DE KERGRIST, François-Marie, de Morlaix (Finistère).
Admis le 7 août 1847.

ABEL, Charles-Nicolas, de Thionville (Moselle).
Admis le 27 août 1847.

DE BOUTEVILLE, Eugène-Joseph, de Paris (Seine).
Admis le 27 août 1847.

COULOMBEIX, Jacques, de Poussac (Dordogne).
Admis le 27 août 1847.

BLONDEL, Blaise-François (2), de Reims (Marne).
Admis le 27 août 1847.

FEUGÈRE DES FORTS, Joachim-Louis Paul, de Paris (Seine).
Admis le 27 août 1847.

RATAUD, François-Jean (3), de Paris (Seine).
Admis le 27 août 1847.

VIELFAURE, Louis-Privat-Camille, de Largentière (Ardèche).
Admis le 27 août 1847.

ROUQUAIROL, André-Frédéric, de la Chapelle (Seine).
Admis le 21 novembre 1847.

DENORMANDIE, Victor-Paul, de Paris (Seine).
Admis le 20 décembre 1847.

---

(1) Agréé près le Tribunal de commerce de la Seine.
(2) Suppléant provisoire à la Faculté de droit de Rennes.
(3) Suppléant à la Faculté de droit de Paris.

Faculté de droit de Rennes.

Oudin, Marie-Augustin, de Châlons (Marne).
Admis le 31 mai 1847.

Ramé, Marie-François-André-Jules, de Rouen (Seine-Inférieure).
Admis le 7 juillet 1847.

Lodin, Jean-Baptiste-Émile-Gilles-Anne, de Combourg (Ille-et-Vilaine).
Admis le 23 juillet 1847.

Gardin de La Bourdonnaye, François-Marie, de Rennes.
Admis le 31 juillet 847.

Faculté de droit de Poitiers.

Rondeau, Philippe-Louis-Mélanie, de Vendôme (Loir-et-Cher).
Admis le 26 janvier 1847.

Beauchaine, Gustave, de Châtellerault (Vienne).
Admis le 26 janvier 1847.

Merveilleux-Duvigneau, Pierre-Émile, de Poitiers (Vienne).
Admis le 27 avril 1847.

Foucher, Alfred-Constance-Pierre, de Poitiers (Vienne).
Admis le 31 août 1847.

Labady, François-Émile, de Poitiers (Vienne).
Admis le 31 août 1847.

Faculté de droit de Toulouse.

Bermond, Théodore-Auguste, de Valence (Tarn).
Admis le 8 janvier 1847.

Mocheville de Saint-Julien de Lau-Lusignan, de Lau (Gers).
Admis le 17 avril 1847.

Cruchon, Victor-Bertrand, de Bordeaux (Gironde).
Admis le 13 novembre 1847.

Diffre, Claude-Léon, d'Ajaccio (Corse).
Admis le 6 novembre 1847.

Faculté de droit de Caen.

HOUYVET, Charles-Henri-François, de Cherbourg (Manche).
Admis le 24 avril 1847.

DE BERRANGER, Charles-Jacques-Edmond, de Paris (Seine).
Admis le 30 août 1847.

VARIN, Paul-Eustache, de Caen (Calvados).
Admis le 30 août 1847.

LAURENT DESESSARTS, Jean-Baptiste-Achille, de Saint-Manvieux (Calvados).
Admis le 30 août 1847.

Faculté de droit de Dijon.

GUENÉE, Jacques-Hippolyte (1), de Dijon (Côte-d'Or).
Admis le 16 janvier 1847.

GRUET MASSON, Paul-Léon, de Leptmoncel (Jura).
Admis le 21 janvier 1847.

ROUGET, Jean-Baptiste-Paul, de Dijon (Côte-d'Or).
Admis le 24 avril 1847.

PICARD, Pierre-Antoine-Alexandre, d'Arnay-le-Duc (Côte-d'Or).
Admis le 23 avril 1847.

GARDYE DE LA CHAPELLE, Henri-Louis-Honoré, de Dijon (Côte-d'Or).
Admis le 24 avril 1847.

BARRUCAND, Louis-Gustave, de Gex (Ain).
Admis le 23 août 1847.

HENRIOT, Auguste-Simon-Désiré, de Byaus (Doubs).
Admis le 28 août 1847.

FRANCHINAL, Jacques-François-Jules, de Saint-Claude (Jura).
Admis le 3 août 1847.

Faculté de droit d'Aix.

MAURIN-BIÉ, Jean-Baptiste-Claude, de Lyon (Rhône).
Admis le 25 janvier 1847.

---

(1) Professeur suppléant à la Faculté de droit de Dijon.

PLANTIER, Pierre-Alfred, d'Alais (Gard).
Admis le 16 avril 1847.

MARTIN, Joseph-Aimé, de Lyon (Rhône).
Admis le 23 avril 1847.

DADRE, Adrien-Jean-François, de Saint-Hippolyte (Gard).
Admis le 13 avril 1847.

AZAN, Toussaint-Achille-François, de Toulon (Var).
Admis le 24 juillet 1847.

DELPECH, Louis-Benjamin-Marie-Caliste, de Montpellier (Hérault).
Admis le 13 juillet 1847.

GAS, André-Bruno, de Toulon (Var).
Admis le 9 août 1847.

Faculté de droit de Strasbourg.

GRIOIS, Auguste, de Paris (Seine).
Admis le 31 mars 1847.

RICHERT, François-Joseph, de Colmar (Haut-Rhin).
Admis le 28 mai 1847.

DE BAZELAIRE, Pierre-Joseph, de Metz (Moselle).
Admis le 24 juillet 1847.

DUBOIS DE JANCIGNY, Marie-Louis-Alfred, de Mirecourt (Vosges).
Admis le 15 décembre 1847.

HENRIET, Henri-Joseph, de Sarrebourg (Meurthe).
Admis le 14 décembre 1847.

CONRAD, Pierre-François-Henri-Léopold, de Strasbourg (Bas-Rhin).
Admis le 28 décembre 1847.

ANNÉE 1848.

Faculté de droit de Paris.

FRÉMIOT, Paul-Alexandre-André, de Mirecourt (Vosges).
Admis le 20 janvier 1848.

DORÉ, Jacques-Jean, de Plemy (Côtes-du-Nord).
Admis le 20 janvier 1848.

Daguillon, Louis-Charles, de Mayenne (Mayenne).
Admis le 20 janvier 1848.

Croze, Jean-Joseph-Aimé-Gustave, de Corbeil (Seine-et-Oise).
Admis le 20 janvier 1848.

Bernault, Achille-Jules-Gustave, de Paris (Seine).
Admis le 20 janvier 1848.

Viller, François, de Saint-Mihiel (Meuse).
Admis le 3 janvier 1848.

Legros, Auguste-Victor, de Véronne-les-Grandes (Côte-d'Or).
Admis le 3 janvier 1848.

Desjobert, Eugène, de Naples (Italie).
Admis le 3 janvier 1848.

Hureaux, Alexandre-Eugène, de Vouziers (Ardennes).
Admis le 20 janvier 1848.

Dumont, Louis-Marie, d'Anzance (Creuse).
Admis le 3 janvier 1848.

Bustarret, Auguste-Amand-Vital, de Saint-Sever (Landes).
Admis le 28 janvier 1848.

Boullay, Charles-Louis-Édouard, de Tonnerre (Yonne).
Admis le 29 février 1848.

Simonnet, Gabriel-Henry-Jules, de Vassy (Haute-Marne).
Admis le 12 février 1848.

Berthezene, Virgile-Paul-Louis, de Villerangues (Gard).
Admis le 12 février 1848.

Deneux, Léon, d'Amiens (Somme).
Admis le 12 février 1848.

Perrin du Lac, Jules-François-de-Sales, de Limoges (Haute-Vienne)
Admis le 14 mars 1848.

François, Eustache-Mauv, de Laon (Aisne).
Admis le 15 février 1848.

Vinay, Pierre-Marie-Henri, du Puy (Haute-Loire).
Admis le 17 avril 1848.

Morain, Jean-Baptiste-Théobald-Égide, de Mons (Belgique).
Admis le 17 avril 1848.

Jousset, Frédéric-Hilaire, de Saumur (Maine-et-Loire).
Admis le 17 avril 1848.

Du Boys, Paul-Marie, de Paris (Seine).
Admis le 17 avril 1848.

Flotard, Pierre-Eugène, de Saint-Étienne (Loire).
Admis le 27 avril 1848.

Christich, Philippe, de Belgrade (Servie).
Admis le 3 juin 1848.

Czernobarace, de Belgrade (Servie).
Admis le 3 juin 1848.

Desprez Jean-Édouard, de Melun (Seine-et-Marne).
Admis le 3 juin 1848.

Quenescourt, Joseph-Alexandre, de la Ferté-Gaucher (Seine-et-Marne).
Admis le 3 juin 1848.

Titon, Charles-Maximilien, de Paris (Seine).
Admis le 31 juillet 1848.

Seligmann, Adolphe (1), de Kreusnach (Prusse).
Admis le 28 août 1848.

Rollin, Auguste-Fernand, de Caen (Calvados).
Admis le 28 août 1848.

Robin, Gustave-Louis, de Paris (Seine).
Admis le 31 juillet 1848.

Prinet, Henri-Auguste-Xavier, de Suancourt (Haute-Saône).
Admis le 19 août 1848.

Despommiers, François-Jean-Pierre, de Colommiers (Seine-et-Marne).
Admis le 28 août 1848.

Duranton (2), Alexandre-Stanislas, de Paris (Seine).
Admis le 1er juillet 1848.

Crété, Marie-Jules, de Jaulzy (Oise).
Admis le 31 juillet 1848.

---

(1) Juge au Tribunal de Reims.
(2) Sous-préfet à Avallon.

CHALON, Louis, de la Tour-du-Pin (Isère).
Admis le 19 août 1848.

CHAVERONDIER, Claude-Marie-François, de Saint-Germain-Laval (Saône).
Admis le 28 août 1848.

BUSSON, Julien-Henri (1), de Joigny (Yonne).
Admis le 28 août 1848.

BELON, Louis, de Guerret (Creuse).
Admis le 28 août 1848.

MEYNIER, Marc-Alfred, de Nismes (Gard).
Admis le 16 août 1848.

LABBÉ, Joseph-Émile (2), de Paris (Seine).
Admis le 1er juillet 1848.

LEVIEZ, Louis-Ernest-Remy (3), de Chartres (Eure-et-Loire).
Admis le 1er juillet 1848.

GERMAIN, Antoine-Marie-Henri, de Lyon (Rhône).
Admis le 31 juillet 1848.

HENRY, Jean-Baptiste-Désiré, de Boulogne (Pas-de-Calais).
Admis le 28 août 1848.

FONTANT, Alphonse, de Melle (Deux-Sèvres).
Admis le 28 août 1848.

FAIRÉ, Alexandre, de Laval (Mayenne).
Admis le 28 août 1848.

CHEREST, Aimé-Alexandre (4), d'Auxerre (Yonne).
Admis le 20 novembre 1848.

DEBERDT, Emmanuel-Édouard-Alphonse, de Caëstre (Nord).
Admis le 20 novembre 1848.

COTTIN, François-Augustin, de la Villette (Seine).
Admis le 27 novembre 1848.

---

(1) Avocat, député au Corps législatif.
(2) Secrétaire de M. le président du Sénat.
(3) maître des requêtes.
(4) Avocat à Auxerre.

Robert, Charles-Frédéric (1), de Mulhausen (Haut-Rhin).
Admis le 27 novembre 1848.

Lemercier-Duchalonge, Auguste-Alexandre-Pierre-Marie, de Toulouse (Haute-Garonne).
Admis le 27 novembre 1848.

Faculté de droit de Caen.

Chauvel, Jacques-Émile, de Virmoutier (Orne).
Admis le 31 janvier 1848.

Renault, Charles-Valentin, de Putange (Orne).
Admis le 31 mai 1848.

Dupray La Maherie, Victor-Hippolyte, de Perriers (Manche).
Admis le 11 août 1848.

Faculté de droit de Rennes.

Macé, Jacques-Dominique, de Bazoches (Orne).
Admis le 2 août 1848.

Gérard, Pierre-Marie, de Pipriac (Ille-et-Vilaine).
Admis le 24 juillet 1848.

Desbois, Paul-Étienne, de Lanvallay (Côtes-du-Nord).
Admis le 10 juillet 1848.

Faculté de droit de Strasbourg.

Engelhard, Louis-Maurice, de Strasbourg (Bas-Rhin).
Admis le 17 janvier 1848.

Legros, Nicolas-Eugène, d'Épinal (Vosges).
Admis le 15 mars 1848.

Faculté de droit de Grenoble.

Terrot-des-Crozes, Fortuné-Saint-Cyr, de Bouvante (Drôme).
Admis le 15 avril 1848.

Stéphane, Michel-François-Adolphe, de Saint-Venant (Pas-de-Calais).
Admis le 16 novembre 1848.

---

(1) Maître des requêtes.

VILLARS, Augustin-Louis-Maxime, de Grenoble (Isère).
Admis le 4 décembre 1848.

Faculté de droit de Poitiers.

DUVERGER, Alphonse, des Sables d'Olonne (Vendée).
Admis le 31 août 1848.

Faculté de droit de Dijon.

HUGUET, Auguste-Désiré, de Dijon (Côte-d'Or).
Admis le 26 janvier 1848.

LIÈVRE, Jean-Pierre, de Joncy (Saône-et-Loire).
Admis le 27 janvier 1848.

PERROT, Étienne, de Jailly-les-Moulins (Côte-d'or).
Admis le 27 janvier 1848.

SADDE, Charles-Jean-François, de Montpellier (Hérault).
Admis le 2 juin 1848.

MAZEAU, Charles-Jean-Jacques, de Dijon (Côte-d'Or).
Admis le 9 août 1848.

ALEXANDRE, François-César, de Saint-Remy (Côte-d'Or).
Admis le 16 août 1848.

MUTEAU, Charles-François-Thérèse, de Dijon (Côte-d'Or).
Admis le 27 novembre 1848.

Faculté de droit de Toulouse.

RAYNAL, Lucien-Calixte, de Soulobres (Aveyron).
Admis le 1er avril 1848.

GUILHAMOTE, Alexis-Ide-Cécile, de Campagne (Arriége).
Admis le 1er avril 1848.

BORDERIE, Jean-Baptiste, de Sainte-Foy (Gironde).
Admis le 1er avril 1848.

RAMEL, Edmond-Jean-Ferdinand, de la Tourette (Aude).
Admis le 15 mai 1848.

BASTIDE, Philippe-Léon, d'Aurillac (Cantal).
Admis le 13 mai 1848.

AUZOUY, Pierre-Paul-Émile-Alphonse, de Rignac (Aveyron).
Admis le 14 juillet 1848.

Faculté de droit d'Aix.

GUIS, Félicien-Emmanuel, de Quinson (Basses-Alpes).
Admis le 28 janvier 1848.

GAY, Joseph-Édouard, d'Arles (Bouches-du-Rhône).
Admis le 8 mai 1848.

ANNÉE 1849.

Faculté de droit de Paris.

FAUCONNIER Louis-Édouard, de Paris (Seine).
Admis le 22 janvier 1849.

LEFEVRE, Auguste-Victor-Marie, de Saint-Omer (Pas-de-Calais).
Admis le 22 janvier 1849.

ENAULT, Pierre-Louis, d'Isigny (Calvados).
Admis le 2 janvier 1849.

HEBERT, Octave (1), de Damville (Eure).
Admis le 2 janvier 1849.

ROBIN, Joseph-Étienne, de Jarcieux (Isère).
Admis le 2 janvier 1849.

BAUDOT, Louis-François-Auguste, de Paris (Seine).
Admis le 22 janvier 1849.

CHALLE, Ambroise-Edmond, Auxerre (Yonne).
Admis le 12 mars 1849.

LEROY, Félix, de Douai (Nord).
Admis le 10 février 1849.

RONGIER, François-Régis, de Bourg (Ain).
Admis le 31 janvier 1849.

PANDIN DE MARCILLAC, Claude-Joseph (2), de Paris (Seine).
Admis le 12 mars 1749.

GAUDIN, Émile-François (3), de Paris (Seine).
Admis le 31 mai 1849.

(1) Sous-chef au ministère de l'intérieur.

(2) Auditeur au conseil d'État.

(3) Sous-directeur aux affaires étrangères.

Normand, Hippolyte-Raymond-Hubert, de Paris (Seine).
Admis le 31 mai 1849.

Mimerel, Floris (1), de Rouen (Seine-Inférieure).
Admis le 31 mai 1849.

Jorel, Hippolyte-Marie, de Paris (Seine).
Admis le 31 mai 1849.

Jahnholtz, Jean-Daniel-Joseph-Guillaume, de Bordeaux (Gironde).
Admis le 31 mai 1849.

Guynemer, Auguste-Saint-Ange, de Lyon (Rhône).
Admis le 31 mai 1849.

Guerrier, Joseph-Anne-Jean-Émile, de Lyon (Rhône).
Admis le 31 mai 1849.

Poultier, Hippolyte, de Paris (Seine).
Admis le 9 juillet 1849.

Leroux, Henri-Aimé, de Notre-Dame de Liesse (Aisne).
Admis le 9 juillet 1849.

Chapuis, Alpin-Prosper de Moras (Drôme).
Admis le 9 juillet 1849.

Pellat, Auguste Solange (2), de Grenoble (Isère).
Admis le 22 août 1849.

Viguier, Victor-Emmanuel, de Milhau (Aveyron).
Admis le 22 août 1849.

Robert, Louis-Henry-Nicolas, de Troyes (Haute-Marne).
Admis le 22 août 1849.

Hallays, Jean-Baptiste-Adrien (3), de Paris (Seine).
Admis le 22 août 1849.

Cochin, Dominique-Adolphe, d'Is-sur-Tille.
Admis le 22 août 1849.

Vaney, Auguste-Emmanuel, de Paris (Seine).
Admis le 25 août 1849.

De Tholouze, Marie-Nicolas-Louis-Loret, du Puy-Barban (Gironde).
Admis le 25 août 1849.

---

(1) Avocat à la Cour de cassation, auteur de travaux de jurisprudence.

(2) Fils du doyen de la Faculté de Paris.

(3) Avocat à la Cour de cassation.

STEMLER, Louis-Marie, de Paris (Seine).
Admis le 25 août 1849.

RONARCH, Pierre-Marie, de Plonéour.
Admis le 25 août 1849.

RAILLARD, Alphonse-Victor-François, de Paris (Seine).
Admis le 25 août 1849.

PAULMIER, Sigismond, de Châtillon-sur-Loire.
Admis le 25 août 1849.

ORTOLAN (1), Eugène, de Paris (Seine).
Admis le 25 août 1849.

MAGNIEN, Jean-Marie-Edme (2), de Mont-Saint-Jean (Côte-d'Or).
Admis le 25 août 1849.

LUPIN, Jacques-Eugène, de Paris (Seine).
Admis le 25 août 1849.

LE TISSIER, Ferdinand, de Gorron (Mayenne).
Admis le 25 août 1849.

LENOÉL (3), Émile-Louis, de Carentan (Orne).
Admis le 25 août 1849.

HÉMAR, Henri-Frédéric-Marie (4), de Paris (Seine).
Admis le 25 août 1849.

GUITARD DE RIBEROLLE, François-Léon, de Paris (Seine).
Admis le 25 août 1849.

DELEUZE, Antoine-Félix, de Paris (Seine).
Admis le 25 août 1849.

BROSSET, Dominique-Emmanuel, de Lyon (Rhône).
Admis le 25 août 1849.

BELUZE, Alexandre-Gaspard-Eugène, de Paris (Seine).
Admis le 25 août 1849.

AUGER, Alfred, de Lafeuillie (Seine-Inférieure).
Admis le 23 août 1849.

---

(1) Élève consul, attaché au ministère des affaires étrangères, lauréat de l'Institut (2e prix de composition musicale).

(2) Secrétaire du conseil d'administration au département de la justice.

(3) Ancien avocat au conseil d'État et à la Cour de cassation.

(4) Substitut à Meaux.

NAMUR, Marie-Ernest, d'Amagne (Ardennes).
Admis le 10 février 1849.

TESNIÈRE, François-Pierre, de Saint-Amand (Charente).
Admis le 30 novembre 1849.

AUDOY, François-Armand, de Nau (Basses-Pyrénées).
Admis le 29 décembre 1849.

BARABÉ, Gabriel-Julien-Florent-Désiré, de Mantilly (Orne).
Admis le 29 décembre 1849.

GUYOT DE VILLENEUVE, François-Gustave-Adolphe, de Paris (Seine).
Admis le 29 décembre 1849.

ROULX, Pierre-Louis-Prosper, du Chêne-Arnoult (Yonne).
Admis le 29 décembre 1849.

Faculté de droit de Dijon.

PARISOT, Amé-Louis, de Nancy (Meurthe).
Admis le 20 janvier 1849.

MOREL, Louis-Pierre-Gabriel-Bernard, de Dijon (Côte-d'Or).
Admis le 24 avril 1849.

RONGIER, Claude-Marie-Amédée, de Saint-Martin-de-Boisy (Loire).
Admis le 27 août 1849.

PETITJEAN DE MARCILLY, Jean-Baptiste-Henri, de Dijon (Côte-d'Or).
Admis le 11 août 1849.

GLEIZE, Antoine-François-Léon, de Dijon (Côte-d'Or).
Admis le 17 août 1849.

DEMALY, Louis-Gabriel-Frédéric, de Lure (Haute-Saône).
Admis le 25 août 1849.

DEBOST, François-Eugène-Pierre, de Louhans (Saône-et-Loire).
Admis le 18 août 1849.

DUCHESNEAU, Antoine-Philibert-Marie, de Louhans (Saône-et-Loire).
Admis le 21 août 1849.

BEAUJARD, Michel-Alexandre-Ernest, de Château-Chinon (Nièvre).
Admis le 27 août 1849.

NAJEAN, Dominique-Alexandre, de Langres (Haute-Marne).
Admis le 27 novembre 1849.

Faculté de droit de Toulouse.

DELQUIÉ, Paul-Auguste-François-Edmond, de Toulouse (Haute-Garonne).

Admis le 16 juillet 1849.

DUFOUR, François-Marie-Louis-Henri-Alexandre, de Toulouse (Haute-Garonne).

Admis le 4 août 1849.

MARBOTIN DE SAUVIAC, Charles-Jeanne, de Bordeaux.

Admis le 27 décembre 1849.

Faculté de droit de Rennes.

COLOMBU, Prosper, de Montigné-le-Brillant (Mayenne).

Admis le 28 mai 1849.

DE L'HOMME, Auguste-Marie-Gilles, de Domagné (Ille-et-Vilaine).

Admis le 16 novembre 1849.

GAULTIER DE LA GUISTIÈRE, Armand, de Rennes (Ille-et-Vilaine).

Admis le 22 novembre 1849.

Faculté de droit de Poitiers.

BOUTAUD-LACOMBE, Jean-Baptiste-Achille, de Bourganeuf (Creuse).

Admis le 25 janvier 1849.

THOREAU DE LA MARTINIÈRE, Frédéric-René, de Saumur (Maine-et-Loire).

Admis le 26 avril 1849.

CHAISEMARTIN, Joseph-Auguste, de Bagnolet (Seine).

Admis le 26 avril 1849.

BOREAU-LAJANADIE, Charles, de Confolens (Charente).

Admis le 18 juin 1849.

LUQUIAU (1), Jean-Baptiste, de Champigni-Saint-Hilaire.

Admis le 31 août 1849.

DEROME, Antoine-Louis-Théodore, de Haguneau (Bas-Rhin).

Admis le 31 août 1849.

---

(1) Professeur suppléant à la Faculté de droit de Strasbourg (décédé).

MERVEILLEUX-DUVIGNAUX, François-Charles, de Poitiers (Vienne).
Admis le 26 novembre 1849.

Faculté de droit de Grenoble.

BUQUIN, Eugène-François, de Grenoble (Isère).
Admis le 28 avril 1849.

DE CAZENOVE, Arthur-Quirin-Léonce, des Pasquis (Suisse).
Admis le 18 août 1849.

COLLIN, Jean-Joseph-Médard, de Vizille (Isère).
Admis le 24 août 1849.

BRET, Gaspard-Léon, de Paris (Seine).
Admis le 11 décembre 1849.

Faculté de droit de Caen.

FANET, Paul-Alexandre, de Caen (Calvados).
Admis le 30 janvier 1849.

COUSIN DES PRÉAUX, Mathieu-François-Ernest, de Cherbourg (Manche).
Admis le 24 août 1849.

Faculté de droit d'Aix.

PERDRIX, Antoine-Silvain, de Guéret (Creuse).
Admis le 19 avril 1849.

AICARD, Joseph-Albert, de la Nouvelle-Orléans (États-Unis).
Admis le 13 août 1849.

DUSSAUD, Jean, de Vallon (Ardèche).
Admis le 14 août 1849.

Faculté de droit de Strasbourg.

HERVÉ, Pierre-René-Eugène, de Strasbourg (Bas-Rhin).
Admis le 25 janvier 1849.

CHAUFFOUR, César-Auguste-Alexandre-Henri, de Colmar (Haut-Rhin).
Admis le 5 mai 1849.

ODIER, Gustave-Antoine, de Paris (Seine).
Admis le 31 août 1849.

ANNÉE 1850.

Faculté de droit de Paris.

FOUQUIER, Alexandre, de Gricourt (Aisne).
Admis le 23 mars 1850.

THIL, Jules-Édouard (1), de Rouen (Seine-Inférieure).
Admis le 23 mars 1850.

PIOT, Victor-Pierre-Charles, de Paris (Seine).
Admis le 23 mars 1850.

CAIN, dit LAJEUNESSE, Jules, de Pont-à-Mousson.
Admis le 30 avril 1850.

GAUTHIER, André-Augustin-Ernest, de Paris (Seine).
Admis le 30 avril 1850.

CHEVALIER, Léon-Charles, de Paris (Seine).
Admis le 30 avril 1850.

GIRAUD, Paul-Antoine-Gabriel, de Romans (Drôme).
Admis le 30 avril 1850.

DE LA BROISE, Edmond-Marie-Joseph, de Laval (Mayenne).
Admis le 30 avril 1850.

MESNARD, Jean-Marie-Léonce (2), de Rochefort (Charente-Inférieure).
Admis le 30 avril 1850.

DELAUNAY DE SAINT-DENIS, Auguste-Marie-Victor, de Nantes (Loire-Inférieure).
Admis le 18 mai 1850.

DE SAINT-MARTIN, Edme, de Bar-sur-Aube (Aube).
Admis le 28 juin 1850.

COSTAPHORE, Georges, de Bucharest (Valachie).
Admis le 19 août 1850.

TARDIF (3), Adolphe-François-Lucien, de Coutances (Manche).
Admis le 30 août 1850.

---

(1) Sous-préfet à Fougères (Ille-et-Vilaine).

(2) Maître des requêtes au Conseil d'État.

(3) Chef de Bureau au cabinet du Ministre de l'instruction publique et des cultes, professeur adjoint à l'Ecole impériale des Chartes, auteur d'un Essai sur l'histoire de la communauté des biens entre époux. M. Tardif a publié les priviléges accordés par le Saint-Siége à la couronne de France dans la collection des monuments historiques.

PHILBERT, Louis-Charles, de Bar-sur-Aube (Aube).
Admis le 30 août 1850.

JEAN LACROIX, René, de la Chârtre (Sarthe).
Admis le 30 août 1850.

MONNOT, Charles, de Pont-de-Roide (Doubs).
Admis le 30 août 1850.

MIGNOT, Louis-André, de Châtel-Gérard (Yonne).
Admis le 30 août 1850.

MENGIN DE BIONVALE, Marie-Hippolyte, de Provins (Seine-et-Marne).
Admis le 30 août 1850.

LEFEBVRE, Honoré-Alphonse, de Rouen (Seine-Inférieure).
Admis le 30 août 1850.

KRECHEL, Louis-Eugène, de Bonville (Seine-et-Oise).
Admis le 30 août 1850.

HALPHEN, Mirtil (1), de Paris (Seine).
Admis le 30 août 1850.

GUILLAUME, Pierre-Eugène, de Bouth-sur-Suippes (Marne).
Admis le 30 août 1850.

GOBLET, René-Marie, d'Aire (Pas-de-Calais).
Admis le 30 août 1850.

FOURNIER, Casimir-Ignace-Joseph, du Quesnoy (Nord).
Admis le 30 août 1850.

DUFAURE, Élie, d'Alassac (Corrèze).
Admis le 30 août 1850.

CHAUVEAU, Constant-Hippolyte-Louis-Camille, de Boulogne (Pas-de-Calais).
Admis le 30 août 1850.

BOIVIN, Filias-Victor, de Nogent-le-Roi (Haute-Marne).
Admis le 30 août 1850.

BEHAGHEL, Edmond-Martin-Joseph, de Cassel (Nord).
Admis le 30 août 1850.

---

(1) Agréé près le Tribunal de commerce de la Seine.

BATBIE, Anselme-Polycarpe (1), de Leissan (Gers).
Admis le 30 août 1850.

BASSET, Jean-Baptiste-Amédée, de Limoges (Haute-Vienne).
Admis le 30 août 1850.

Faculté de droit de Grenoble.

ROBIN DE MOZAS, Charles-Louis-Joseph-Alexandre, de Grenoble (Isère).
Admis le 8 juin 1850.

VIALA, François, de Langogne (Lozère).
Admis le 8 juin 1850.

Faculté de droit de Caen.

LEMARCIS, Paul-Auguste, de Monvilliers (Seine-Inférieure).
Admis le 23 avril 1850.

HAMELIN, Charles-Gabriel-Dieudonné, de Valognes (Manche).
Admis le 31 août 1850.

Faculté de droit de Toulouse.

RICOUS, Jean-Georges-Marie-Louis, de Gaillac (Tarn).
Admis le 14 janvier 1850.

SABAIL, François-Pierre, de Castelnau-Rivière-Basse.
Admis le 15 janvier 1850.

ASTIÉ, Toulouse-Pierre-Ferdinand, de Toulouse (Haute-Garonne).
Admis le 27 avril 1857.

VIGNÉ, Pierre-Augustin-Célestin, de Senouillac (Tarn).
Admis le 27 avril 1850.

DUMAS, Justin-Pierre-Paul-Séverien, de Lavelant (Ariége).
Admis le 28 novembre 1850.

FAURE, Antoine-François-Louis, de Saverdun (Ariége).
Admis le 25 novembre 1850.

Faculté de droit de Poitiers.

BIRÉ, Alfred-Augustin, de Luçon (Vendée).
Admis le 25 janvier 1850.

---

(1) Professeur suppléant à la Faculté de droit de Paris.

Desmazeaud, Marcellin-Paul, de Voulgezac (Charente).
Admis le 25 janvier 1850.

Mazeron, Louis, de Montluçon (Allier).
Admis le 21 décembre 1850.

Faculté de droit de Rennes.

Savidan, Jean-Louis-Marie, de Prat (Côtes-du-Nord).
Admis le 9 février 1850.

Legeard de La Diriays, Auguste-Joseph, de Rennes (Ille-et-Vilaine).
Admis le 2 février 1850.

Anger de Kernisan, Clément-François-Anne, du Verger (Ille-et-Vilaine).
Admis le 24 juillet 1850.

Faculté de droit de Strasbourg.

rug-Basse, Jules, de la Petite-Pierre (Bas-Rhin).
Admis le 15 juillet 1850.

Pochonnet, Nicolas-Ernest, de Villers-la-Montagne (Moselle).
Admis le 23 août 1850.

Faculté de droit d'Aix.

Rouis, Alphonse-Félix-Jean-Jérôme, de Tulle (Corrèze).
Admis le 21 janvier 1850.

Quevreux, Alexandre-Jules, de Paris (Seine).
Admis le 23 mai 1850.

Julien, David-Ernest, d'Uzès (Gard).
Admis le 19 août 1850.

Rolland, Charles-Anne-Émile, de Nismes (Gard).
Admis le 19 août 1850.

Faculté de droit de Dijon.

Milliet, Louis-Charles-Emmanuel, de Lyon (Rhône).
Admis le 26 janvier 1850.

Dromard, Anne-Étienne-Jules, de Besançon (Doubs).
Admis le 28 janvier 1850.

BENOIST, Joseph-Amélie, de Dijon (Côte-d'Or).
Admis le 15 avril 1850.

FREMIET, Joseph-Auguste, de Dijon (Côte-d'Or).
Admis le 29 juin 1850.

DURAND, Alexandre-Léon, de Bar-sur-Aube (Aube).
Admis le 14 août 1850.

MARTIN, Émile-François-Didier, de Lyon (Rhône).
Admis le 27 août 1850.

DEUXIÈME PARTIE.

RÉCEPTIONS DE 1851 A 1857.

AVEC

Indication des sujets de thèses (1).

ANNÉE 1851.

Faculté de droit de Paris.

PERCEROU, Jules-Ernest, de Fougerolles (Haute-Saône).
Admis le 1er avril 1851.
Du prêt à intérêt.

FONTAINE, Auguste, de Paris (Seine).
Reçu le 1er avril 1851.
Droit romain, *de Evictionibus et duplæ stipulationibus; de Exceptione rei vindicatæ.* Droit français, *de la Vente.*

CONDAMINAS, Marie-Alphonse-Charles, de la Nouaille (Dordogne).
Admis le 1er avril 1851.
De la Portion des biens disponibles.

DE BRESSY, Joseph-Édouard, de Lisle (Vaucluse).
Admis le 1er avril 1851.
***De la Tutelle,* en droit romain et en droit français.**

BERNIER, Émile, d'Argentan (Orne).
Admis le 1er avril 1851.
Des Dispositions testamentaires.

---

(1) Aux termes de l'arrêté du 4 février 1853, l'acte public, la thèse doit se composer de deux dissertations spéciales, le sujet de l'une d'elles étant toujours choisi dans le Droit romain, mais en fait il a été reconnu que lorsque ce sujet est commun au Droit romain et au Droit français, un seul sujet suffit pourvu qu'il soit traité en deux parties bien distinctes. — La plupart des aspirants suivent ce mode, toutefois nous avons fait connaître ici les docteurs qui ont traité en Droit romain un sujet différent ou s'éloignant seulement du sujet de Droit français.

BÉTOLAUD, Jacques-Alexandre-Célestin, de Limoges (Haute-Vienne).

Admis le 1er avril 1851.

Du Contrat de mariage; droits respectifs des époux.

CLAMAGÉRAN, Jean-Jules, de la Nouvelle-Orléans (États-Unis).

Admis le 22 août 1851.

Des Obligations naturelles.

BOSIANO, Constantin, de Bucharest (Valachie).

Admis le 22 août 1851.

De l'Action Paulienne.

ALLART, Jean-Marie-Auguste, de Vouziers (Ardennes).

Admis le 22 août 1851.

De l'Exécution forcée sur les biens immeubles et la personne du débiteur.

DE BOURBON DE BUSSET, Charles-Louis-Marie, de Paris (Seine).

Admis le 22 août 1851.

Des droits pécuniaires que la loi accorde aux enfants naturels simples, soit contre leurs auteurs vivants, soit après la mort de ceux-ci sur leurs biens.

DE BOURBON DE BUSSET, Marie-Louis-Henri, de Paris (Seine).

Admis le 22 août 1851.

De la réserve et de la quotité disponible, précédées de l'examen de la légitime en droit romain, et de la légitime et des réserves coutumières comparées dans l'ancien droit français.

DE CAZAUX, Joseph-Aimé-Louis, de Valence (Drôme).

Admis le 22 août 1851.

Analyse des restrictions que le Code civil apporte à la faculté de disposer à titre gratuit.

HÉROLD, Ferdinand (1), de Neuilly (Seine).

Admis le 22 août 1851.

De la Preuve de la filiation.

HUBERT-BRIERRE, Ernest-Charles, de Paris (Seine).

Admis le 22 août 1851.

Du Droit inhérent à la qualité d'héritier de faire subir une réduction aux dispositions testamentaires.

MARTEL, Charles-Alfred, de Pontoise (Seine-et-Oise).

Reçu le 22 août 1851.

Des Nullités du mariage.

---

(1) Avocat à la Cour de cassation, fils de l'illustre compositeur de ce nom.

MÉAUDRE, Louis-Marie, de Lyon (Rhône).
Admis le 22 août 1851.
Du Droit qu'a le vendeur non payé de demander la résolution de la vente.

RAULIN, Théodore-Frédéric, de Juvigny (Manche).
Admis le 22 août 1851.
Recherches sur l'origine et le caractère distinctif du régime dotal, en droit romain, *et sous le Code civil.*

VIGAROZY, Jean-Baptiste-Claude-Charles-Joseph, de Mirepoix (Ariége).
Reçu le 29 août 1851.
Du Principe de l'irrévocabilité entre vifs.

VASSELLE, Auguste-Saint-Émile-Gaston, de Viefvillers (Oise).
Reçu le 29 août 1851.
Études sur la séparation des patrimoines.

VACHON, Joseph-Henri, de Lyon (Rhône).
Reçu le 29 août 1851.
La Promesse de vente et les arrhes.

TABARY, François-Théophile-Antoine-Joseph, d'Iwuy (Nord).
Reçu le 29 août 1851.
Des Donations faites aux époux par contrat de mariage.

PELLETIER, Henri-Romain, de Paris (Seine).
Reçu le 29 août 1851.
De la Saisine héréditaire.

FLOGNY, Nicolas-Antoine-Adolphe, de Troyes (Aube).
Reçu le 29 août 1851.
Du Payement avec subrogation.

BETTENCOURT, Jacques-Henri, de Saint-Maurice-d'Etelan.
Admis le 29 août 1851.
Droit français, *du Domicile;* Droit romain, *de Judiciis exubi quisque agere vel conveniri debent* (Dig. lib. V, tit. I).

DELOL, Maximin, de Martel (Lot).
Admis le 29 août 1851.
De la Cession des créances.

PARMENTIER, Louis-Auguste, de Paris (Seine).
Admis le 29 décembre 1851.
De la Condition de la femme mariée.

Lelièvre, Ernest-Auguste, de Valenciennes (Nord).
Admis le 29 décembre 1851.
De l'Exception de la chose jugée considérée sous le rapport de l'identité des parties.

Destresse de Lanzac de Laborie, Alphonse-Marie, de Paris (Seine).
Admis le 29 décembre 1851.
Du Retour légal ou de la succession anormale.

Delsol, Jean-Joseph, de Saint-Christophe (Aveyron).
Reçu le 29 décembre 1851.
Du Transport des créances.

Faculté de droit de Grenoble.

Arnauld, Charles-Benoît, de la Mure (Isère).
Reçu le 29 août 1851.
Des Rapports en matière de succession.

Lombard, Léonce-Marc-Gabriel, de Romans (Drôme).
Reçu le 31 décembre 1851.
De la Tutelle.

Faculté de droit de Toulouse.

Rozy, Henri-Antoine, de Toulouse (Haute-Garonne).
Admis le 17 janvier 1851.
Des Effets du privilége et de l'hyppothèque.

Sarrut, Germain-Marie, de Toulouse (Haute-Garonne).
Admis le 22 janvier 1851.
De la Compensation.

Portalon de Rosis, Jean-Marie-Joseph-Charles.
Admis le 6 mai 1851.
Du Prêt à intérêts.

De Laurens, Jean-Gabriel-Charles-Marie-Eugène, de Lille (Nord).
Admis le 18 juillet 1851.
Des Délits et quasi-délits.

Faculté de droit de Poitiers.

Bernard, Casimir-Augustin-Gabriel (1), de Poitiers (Vienne).
Admis le 12 juin 1851.
Des Contrats entre l'État et les particuliers.

---

(1) Suppléant provisoire à la Faculté de droit de Toulouse.

Faculté de droit de Rennes.

GAULTIER DE BEAUVALLON, Jean-Marie-Louis-Alexandre, de Fougeray (Ille-et-Vilaine).
Admis le 17 janvier 1851.
Droit romain, *de Agnoscendis et alendis liberis;* Droit français, *de la Filiation.*

POTIRON BOISFLEURY, Eugène-César-Marie, de Plessé (Loire-Inférieure).
Admis le 17 mai 1851.
De l'Autorité de la chose jugée.

PENSA, Charles-Prosper, de Laval (Mayenne).
Admis le 20 mai 1851.
De la Prescription.

GAYET, Ange-Marie-Reine-Mathurin, de Malestroit (Morbihan).
Reçu le 31 mai 1851.
Des Dommages et Intérêts.

JOUAULT, Achille-Godefroid, de Paris (Seine).
Admis le 31 juillet 1851.
De la Quotité disponible et de la réserve.

Faculté de droit d'Aix.

VERRIER, Théodore-Lucien-Charles, d'Alais (Gard).
Admis le 31 janvier 1851.
Du Payement avec subrogation.

PISON, Georges-Alexandre-Eugène (1), d'Aix (Bouches-du-Rhône).
Admis le 5 avril 1851.
De la Réserve des enfants et descendants.

HENRIQUEZ-RABA, Abraham-Alfred, de Bordeaux (Gironde).
Admis le 16 septembre 1851.
De l'Expropriation forcée suivant les principes du droit français et du droit romain.

CAMOIN-VENCE, Charles-Émile, de Bastia (Corse).
Admis le 21 août 1851.
Des Substitutions.

---

(1) Agrégé des Facultés (concours du 2 novembre 1856). M. Pison est attaché à la Faculté de droit d'Aix.

JOURDAN, Alfred-Pierre-Bernard, de Fréjus (Var).
Admis le 19 août 1851.
De l'État et de la capacité des femmes.

Faculté de droit de Caen.

COTTON D'ENGLESQUEVILLE, Gustave-Arthur, de Rieux (Seine-Inférieure).
Admis le 28 février 1851.
De l'Action paulienne.

LEURY, Louis-Gervais, de Carentan (Manche).
Admis le 26 juillet 1851.
Des Droits maritaux.

DELAPORTE, Émile, de Lisieux (Calvados).
Admis le 30 août 1851.
Des Partages d'ascendants.

PERIER-DUCOUDRAY, Marie-Léon, de Laval (Mayenne).
Admis le 25 novembre 1851.
De la Puissance paternelle.

GUIFFARD, Louis-Armand, de Cherbourg (Manche).
Reçu le 29 novembre 1851.
De l'Actif de la communauté légale.

Faculté de droit de Strasbourg.

LOEW, Louis, de Strasbourg (Bas-Rhin).
Admis le 6 janvier 1851.
Droit romain, *des Substitutions vulgaires;* Droit français, *de l'Institution contractuelle.*

MICHAUX-BELLAIRE, Louis-Léon (1), de Strasbourg (Bas-Rhin).
Admis le 18 janvier 1851.
De l'Adoption.

ACKERMANN, Émile, de Strasbourg (Bas-Rhin).
Admis le 4 août 1851.
De l'Action paulienne en matière civile.

---

(1) Suppléant provisoire à la Faculté de droit de Strasbourg.

HOFFMANN, Philippe-Michel-Eugène, de Sarrebourg (Meurthe).

Admis le 23 août 1851.

Études sur l'usure.

Faculté de droit de Dijon.

BARTHELON, Pierre-Alfred, de Moulins (Allier).

Admis le 19 mai 1851.

De l'Indignité en matière de succession.

MELINE, Jean-Hyacinthe-Irénée, de Dampierre-lès-Montbazon (Haute-Saône).

Admis le 10 juillet 1851.

Du Rapport.

MUGNIER, Antoine-Alexis (1), de Gray (Haute-Saône).

Admis le 2 août 1851.

Des Priviléges.

ROUX, François-Léon, de Lyon (Rhône).

Admis le 22 novembre 1851.

De l'Action Paulienne, ou de l'action révocatoire des actes faits en fraude des créanciers.

ANNÉE 1852.

Faculté de droit de Paris.

YMBERT, Henri-Théodore, d'Auteuil (Seine).

Admis le 31 mars 1852.

De l'Incapacité de la femme mariée.

WELTER, Paul-Francois, de Thionville (Moselle).

Admis le 31 mars 1852.

De la Séparation des patrimoines.

MAURE, Claude-François-Charles, de Bourmont (Haute-Marne).

Admis le 31 mars 1852.

Du Second mariage de l'époux survivant.

---

(1) Agrégé (concours du 2 novembre 1856). M. Mugnier est attaché à la Faculté de droit de Dijon.

MANUEL, Ernest-Charles-Benoît, de Paris (Seine).
Admis le 31 mars 1852.
De la Compensation.

LE ROY, Paul-Alfred, de Lisieux (Calvados).
Reçu le 31 mars 1852.
Traité sur la recherche de l'origine des biens dans les successions.

LEROUX, Alexis-Georges, de Paris (Seine).
Reçu le 31 mars 1852.
Des Créanciers héréditaires.

LABICHE, Émile-Charles-Didier, de Berville-le-Comte.
Reçu le 31 mars 1852.
Du Retour légal de l'ascendant donateur.

GOSSELIN, Bertulphe-Augustin-François, de Fruge (Pas-de-Calais).
Reçu le 31 mars 1852.
De la Chose jugée en matière civile.

GOSSART, Hugues-Louis-Eugène, d'Amiens (Somme).
Reçu le 31 mars 1852.
De la Compensation.

GALLAND, Charles, de Paris (Seine).
Reçu le 31 mars 1852.
Théorie de l'erreur.

CRETON, Charles-Valentin-Joseph-Émile, d'Amiens (Somme).
Reçu le 31 mars 1852.
Des Substitutions.

BOUCHARD, Pierre-Louis, de Vienne (Isère).
Reçu le 31 mars 1852.
De la Pétition d'hérédité.

BERNHEIM, Léon, de Paris (Seine).
Reçu le 31 mars 1852.
De l'Absence.

ARMAND, Alfred, de Paris (Seine).
Reçu le 31 mars 1852.
Des Engagements qui se forment sans convention.

GRIVART, Louis-René-Joachim, de Rennes (Ille-et-Vilaine).
Admis le 30 juin 1852.
De l'Action Paulienne.

COULON, Pierre-Henri, de Besançon (Doubs).
Admis le 26 juillet 1852.
De la Filiation naturelle.

VINGTAIN, Jean-Thomas-Léon, de Paris (Seine).
Admis le 26 juillet 1852.
Étude sur la législation des eaux.

TAILLEFER, Amédée, d'Ivry (Seine).
Admis le 26 juillet 1852.
Des Priviléges sur les meubles.

PROMSY, Pierre-Émile, de Château-Porcien.
Admis le 26 juillet 1852.
Des Hypothèques générales.

POTTIER, Marie-Victor-Alexandre, de Compiègne (Oise).
Admis le 26 juillet 1852.
De la Vente.

PELLETIER, Édouard-Joseph, d'Étampes (Seine-et-Oise).
Reçu le 26 juillet 1852.
Des Caractères et des effets de l'autorisation maritale.

MICHEL, Jean-Baptiste-Émilien-Alfred, de Ham (Somme).
Reçu le 26 juillet 1852.
Des Substitutions fidéi-commissaires.

DE MEAUX, Marie-Camille-Alfred, de Montbrison (Loire).
Reçu le 26 juillet 1852.
Droit romain, *du Domicile*; Droit français, *du Statut réel et du statut personnel.*

LEVAVASSEUR DE PONTIGNY, Henri-Auguste, de Châteaudun (Eure-et-Loir).
Admis le 26 juillet 1852.
Des Donations faites par contrat de mariage et des donations entre époux.

LEFEBVRE, Ernest, de Paris (Seine).
Admis le 26 juillet 1852.
De la Preuve testimoniale.

GASPARD, Auguste-Balthazard-Melchior, de Dunkerque (Nord).
Admis le 26 juillet 1852.
Recherches sur l'incolat, le droit de bourgeoisie et le domicile.

Delaunay, Albert, de Paris (Seine).
Reçu le 26 juillet 1852.
Des Principes sur le consentement dans les conventions du droit privé.

Charlet, Eugène, de Paris (Seine).
Reçu le 26 juillet 1852.
Du Droit de rétention.

Bapst, Philippe-Gustave, de Paris (Seine).
Admis le 26 juillet 1852.
Du Rapport à succession.

Worms de Romilly, Henry-Félix-Louis, de Strasbourg (Bas-Rhin).
Admis le 26 août 1852.
De la Possession.

De Guillebon, Charles-Joseph-Alexandre, de Frétoy (Oise).
Admis le 26 août 1852.
De la Succession des parents naturels.

Villetard Delaguerie, Auguste-Edme-Jean, d'Auxerre (Yonne).
Admis le 26 août 1852.
Des Transactions.

Scoté, Félix-Ernest, de Gerberoy (Oise).
Admis le 26 août 1852.
De la Puissance paternelle.

Paixhans, Clémentine-Jean-Marie-Jules (1), de Jouy-aux-Arches (Moselle).
Admis le 26 août 1852.
Du Prêt à intérêt.

Mand'heux, Alexis-Félix, d'Épinal (Vosges).
Admis le 26 août 1852.
Des Pères et mères naturels.

Mathieu, Charles-Félix, de Nancy (Meurthe).
Admis le 26 août 1852.
De la Puissance paternelle.

Lachasse, Jean-Pierre-Marie-Ferdinand, de Vezelise (Meurthe).
Admis le 26 août 1852.
Du Transfert.

---

(1) Auditeur au Conseil d'État.

JACQUEMAIN, Louis-François-Ernest, de Besançon (Doubs).

Admis le 26 août 1852.

De la Quotité disponible entre époux.

FLACHAT, Antoine, de Lyon (Rhône).

Admis le 26 août 1852.

Des Priviléges sur les meubles.

CONROT, Frédéric-Augustin-François, de la Chapelle-Saint-André (Nièvre).

Admis le 26 août 1852.

De la Solidarité.

CLAVEAU, Louis-Paulin, de la Ville-aux-Clercs (Loire-et-Cher).

Admis le 26 août 1852.

Du Droit de suite.

CLAIRAT, Louis-Paul-Émile, de Paris (Seine).

Admis le 26 août 1852.

Des Divers bénéfices accordés à la caution et du recours qu'elle peut exercer contre le débiteur.

BOUTRY, Gustave-Émile, de Vincennes (Seine).

Admis le 26 août 1852.

Essai sur l'histoire des donations entre époux et de leur état d'après le Code Napoléon.

BIRÉ, Jean-Baptiste-Edmond, de Luçon (Vendée).

Admis le 26 août 1852.

Des Seconds mariages.

BEUDANT, Léon-Charles-Anatole (1), de Fontenay-le-Fleury (Seine-et-Oise).

Reçu le 26 août 1852.

De la Naturalisation, ou modes d'assimilation de l'étranger au national.

BEGIS, Jules-Henri, de Paris (Seine).

Admis le 26 août 1852.

Du Transport des créances.

AUGER, Ernest-Édouard, de Cognac (Charente).

Admis le 26 août 1852.

De l'Hypothèque légale de la femme.

---

(1) M. Charles Beudant, fils de l'inspecteur général des études de ce nom, après avoir été suppléant provisoire à la Faculté de droit de Strasbourg est aujourd'hui agrégé des Facultés (concours du 2 novembre 1856). Il est attaché à la Faculté de droit de Toulouse.

ANGENOUX, Louis-Gabriel, de Saint-Juvin (Ardennes).
Admis le 26 août 1852.
Du Droit de suite. Quand s'ouvre-t-il? A quelles conditions se conserve-t-il?

Faculté de droit de Poitiers.

DUCOUX, Jean-Baptiste-Marie-Stanislas, du Dorat (Haute-Vienne).
Reçu le 2 mars 1852.
De la Révocation des donations entre vifs.

D'ESPINAY, Gustave-Marie, de Saumur (Maine-et-Loire).
Reçu le 18 août 1852.
De la Jouissance et de la privation des droits civils.

AUBÉPIN, François-Augustin-Henri, de Blanc (Indre).
Reçu le 18 août 1852.
De la Résolution des contrats civils.

Faculté de droit de Dijon.

RONGIER, Jean-Claude-Paul, de Lyon (Rhône).
Reçu le 22 mars 1852.
Du Prêt à intérêt et de l'usure.

MASSON, Jean-Marie-Ernest, de Dijon (Côte-d'Or).
Reçu le 31 juillet 1852.
Des Clauses résolutoires dans la donation entre vifs.

MAILLARD, Jean-Baptiste-Hippolyte, de Dampierre-sur-Vingeann (Côte-d'Or).
Reçu le 10 août 1852.
Des Effets du mariage sous le régime de la communauté, quant à la capacité et aux biens de la femme.

VIMAL, Paul-Antoine-Marie, de Saint-Amand-Tallende.
Reçu le 25 août 1852.
Du Régime dotal.

Faculté de droit de Rennes.

JARTEL, Joseph-Marie-Théodore, de Soulgé-le-Bruant (Mayenne).
Reçu le 18 mai 1852.
Des Droits du mari sur les biens dotaux et de l'inaliénabilité du fonds dotal.

DUPLESSIS DE GRÉNÉDAN, Gaston-François-Louis, de Rennes (Ille-et-Vilaine).
Reçu le 22 mai 1852.
Du Payement des dettes, principalement dans les transmissions héréditaires.

Faculté de droit de Strasbourg.

SCHUTZENBERGER, Frédéric, de Strasbourg (Bas-Rhin).
Reçu le 24 janvier 1852.
De la Naturalisation.

ADAM, Pierre-Jean-Baptiste-Édouard-Auguste.
Reçu le 1er mai 1852.
Des Transactions.

BERLINER, Alphonse, de Strasbourg (Bas-Rhin).
Reçu le 14 juillet 1852.
De l'Action de in rem verso.

KASTLER, Jérémie, de Mustterholtz (Bas-Rhin).
Reçu le 30 juillet 1852.
De la Cession des créances et des droits litigieux.

Faculté de droit de Grenoble.

THOMASSET, Mathieu, de Couzon (Rhône).
Admis le 31 juillet 1852.
De la Saisine légale en matière de succession.

BERNARD, Marie-Clément-Paul, d'Apt (Vaucluse).
Admis le 20 novembre 1852.
Dissertation sur la séparation des patrimoines.

ÉTIENNE, Joseph-Eugène, de Saint-Lantier (Isère).
Admis le 4 décembre 1852.
De la Possession en matière de prescription.

Faculté de droit de Toulouse.

ROUQUET, Pierre-Joseph-Eugène, de Clermont (Hérault).
Reçu le 30 mars 1852.
Du Retour légal.

LAURENS, Marie-Lucien-Antonin, de Toulouse (Haute-Garonne).
Reçu le 22 avril 1852.
De l'Autorité de la chose jugée en matière civile.

DEVINA, Henri-Auguste, de Lodève (Hérault).
Reçu le 7 avril 1852.
Des Effets du partage.

BESSE, Jean-Charles-Henri-Edmond, de Caussade (Tarn-et-Garonne).
Reçu le 22 avril 1852.
Des Obligations indivisibles.

COMPANS, Jean-Bernard, de Moncorneil-Grazan (Gers).
Reçu le 2 juillet 1852.
De la Solidarité.

Faculté de droit de Caen.

DURAND, Gustave-Richard, de Vire (Calvados).
Admis le 26 janvier 1856.
De l'Inaliénabilité de la dot.

C. DE LAPPARENT, Silas-Emmanuel, d'Issoudun (Indre).
Admis le 30 mars 1852.
Essai sur les retours légaux et conventionnels.

LEVÉEL, Eustache-Jean-Julien, d'Ourville (Manche).
Admis le 30 mars 1852.
Essai sur la dot sous le régime dotal.

LONDEL, François-Alfred, de Condé-sur-Noireau (Calvados).
Admis le 30 mars 1852.
De la Constitution de la dot.

DEFAUCAMBERGE, Jacques-Pierre-Ernest, de Caen (Calvados).
Admis le 30 mars 1852.
De la Preuve littérale.

BIDARD, Pierre-Léon, de Caen (Calvados).
Admis le 31 juillet 1852.
De la Capacité des femmes mariées.

LABRASSERIE, Paul, de Saint-Lô (Manche).
Admis le 21 juin 1852.
Des Enfants naturels.

DESMARES, Émile, de Bernay (Eure).
Admis le 13 août 1852.
De l'Expropriation pour cause d'utilité publique.

BIGARD, Charles-Victor, de Lisieux (Calvados).
Admis le 13 novembre 1852.
Des Servitudes légales d'utilité privée.

LIZOT, Edmond, de Paris (Seine).
Admis le 14 décembre 1852.
Du Cautionnement.

LEPELLETIER, François-Louis-Émile, de Villedieu (Manche).
Admis le 1er décembre 1852.
De la Saisine héréditaire.

ANNÉE 1853.

Faculté de droit de Paris.

SAINT-OMER, Henri-Philémon, de Noailles (Oise).
Admis le 6 janvier 1853.
Du Délaissement hypothécaire.

ROBERT DE MASSY (1), Jules-Henri, d'Orléans (Loiret).
Reçu le 6 janvier 1853.
De la Capacité civile des aliénés.

POUGNY, Marie-Ambroise-Ernest, de Doulaincourt (Haute-Marne).
Admis le 6 janvier 1853.
Des Substitutions.

DUVERDY, Denis-Charles, de Paris (Seine).
Admis le 6 janvier 1853.
Dissertation sur la contrainte par corps, sur son histoire et son application en matière civile, commerciale, administrative, militaire, constitutionnelle, internationale et criminelle.

BELLAIGUE, Antonin, de Sens (Yonne).
Admis le 6 janvier 1853.
De la Solidarité.

VANEY, François, de Paris (Seine).
Admis le 28 mars 1853.
De la Cession des créances.

(1) Attaché au ministère des travaux publics, de l'agriculture et du commerce.

Vergès (de), Marie-Louis, de Limours (Seine-et-Oise).

Admis le 28 mars 1853.

De la Privation totale des droits civils par suite de condamnations judiciaires.

Plichon, Louis-Albert-Hippolyte, d'Arras (Pas-de-Calais).

Admis le 28 mars 1853.

Du Droit d'usufruit paternel.

Philippe, Émile-Alexandre, de Paris (Seine).

Admis le 28 mars 1853.

De la Transaction et du droit d'enregistrement dans ses rapports avec les transactions.

Levyglier, Paul-Edmond, de Nancy (Meurthe).

Reçu le 28 mars 1853.

Des Substitutions.

Le Guay, Albert, de Paris (Seine).

Admis le 28 mars 1853.

De la Législation des mines.

Laborde, Charles-Édouard, de Villeneuve-sur-Lot (Lot-et-Garonne).

Reçu le 28 mars 1853.

Du Prêt à intérêts et des rentes.

Hérail, Edmond-Justin-Auguste, de Narbonne (Aude).

Reçu le 28 mars 1853.

De l'Inaliénabilité de la dot.

Hardoin, Jules-Eugène-Claude, de Paris (Seine).

Reçu le 28 mars 1853.

Droit français, *de la Purge des hypothèques;* Droit romain, *du Droit de préférence entre les héritiers hypothécaires.*

Grandmanche, Patrice-Émile, de Paris (Seine).

Reçu le 28 mars 1853.

De l'Étendue de la loi quant au temps, quant au lieu, quant aux personnes et quant aux choses.

Giraud, Louis-Alfred, de Fontenay-le-Comte (Vendée).

Reçu le 28 mars 1853.

Du Divorce et de la Séparation de corps.

Blanc, Gabriel-François, de Lyon (Rhône).

Admis le 28 mars 1853.

Du Bénéfice de discussion.

BÉRENGER, René, de Bourgles (Valence).
Reçu le 28 mars 1853.
De la Dot mobilière, et en particulier de son caractère d'inaliénabilité.

PORCHÉ, Eugène-Anatole, de Paris (Seine).
Reçu le 31 août 1853.
Du Bail à ferme.

MARTINI, Charles-Guillaume, de Paris (Seine).
Reçu le 31 août 1853.
Des Priviléges.

LECHENETIER, Marie-Louis-Victor, de Versailles (Seine-et-Oise).
Reçu le 31 août 1853.
Des Priviléges entre créanciers.

LE MONNIER DE LORIÈRE, Étienne-René-Gustave-Édouard, de Laval (Mayenne).
Reçu le 31 août 1853.
Droit romain, *de la Compensation;* Droit français, *de la Législation des mines.*

LEBAUDY, Jules, de Paris (Seine).
Reçu le 31 août 1853.
De l'Action Paulienne en matière civile.

JORDANET, Louis-Jean-Baptiste, de la Française (Tarn-et-Garonne).
Reçu le 31 août 1853.
Du Rapport en matière de succession.

GUILLEMIN, Ernest, d'Avesnes (Nord).
Reçu le 31 août 1853.
Des Cours d'eau.

GUESTON, Antoine-Frédéric-Méglin, de Saint-Hilaire (Allier).
Reçu le 31 août 1853.
Du Partage des successions.

GONGET, Jean-Noël, de Fahy-les-Autrey (Haute-Saône)
Reçu le 31 août 1853.
Des Droits du mari sur les biens dotaux et de l'inaliénabilité du fonds dotal.

GOMBAULT, Paul-Vincent, de Bar-sur-Seine.
Reçu le 31 août 1853.
Droit français, *de la Purge des hypothèques;* Droit romain, *de Pignoralitia actione.*

FEBVAY, Joseph-Antoine-Armand, de Rupt (Vosges).
Reçu le 31 août 1853.
Des Transactions.

FAURE-BEAULIEU, Frédéric-Joseph, de Paris (Seine).

Reçu le 31 août 1853.

De la Prescription par rapport à la femme mariée.

DUPUICH, Jean-Baptiste-Pierre-Joseph-Émile, de Paris (Seine).

Reçu le 31 août 1853.

Droit romain, *du Pecule profectice;* Droit français, *de l'Incapacité de la femme mariée.*

CHRICTOT-FORTIER, Charles, de Paris (Seine).

Reçu le 31 août 1853.

De la Puissance paternelle.

DE BOUBÉE DE LA COUTURE, Joseph-Thérèse-Odet, de Lectoure (Gers).

Reçu le 31 août 1853.

De la Nature et de la forme des donations entre vifs.

BOURSY, Alfred-René, de Pont-Audemer (Eure).

Reçu le 31 août 1853.

De l'Inaliénabilité de la dot.

BOTTET, Edmond, d'Orléans (Loiret).

Reçu le 31 août 1853.

Des Substitutions.

AUDIAT, Charles-Auguste-Edgard, de Schelestadt (Bas-Rhin).

Reçu le 31 août 1853.

Des Actions possessoires.

ASTRIÉ, Marie-Guillaume-Ernest, d'Ax (Ariége).

Admis le 31 août 1853.

Des Rentes dans le droit français et de plusieurs formes de revenus à Rome.

LOISEL, Claude-Louis-Ambroise (1), de Paris (Seine).

Admis le 14 décembre 1853.

Droit romain, *de la Cession d'actions;* Droit français, *du Transport des créances.*

Faculté de droit de Caen.

SENOT DE LALONDE, Jean-Augustin-Charles, de Parfourne-l'Éclin (Calvados).

Admis le 2 mars 1853.

De l'Institution contractuelle.

(1) Répétiteur de droit à Paris.

BURET, Achille-Amédée, de Caen (Calvados).
Admis le 8 juin 1853.
Des Donations entre époux pendant le mariage.

VANIER, Gabriel-Édouard, de Caen (Calvados).
Admis le 9 juillet 1853.
De la Purge des hypothèques inscrites et non inscrites.

HERVIEU, Hyacinthe-Émile, d'Amfréville (Calvados).
Admis le 24 décembre 1853.
Des Seconds mariages.

LHERMITTE, Eugène-René, de Gacé (Orne).
Admis le 14 décembre 1853.
De l'Action Paulienne.

CHRISTOPHLE, Albert-Charles, de Domfront (Orne).
Reçu le 14 décembre 1853.
De l'Hypothèque légale des femmes mariées.

Faculté de droit de Dijon.

TESSIER, Ernest-René, de Moulins (Allier).
Admis le 15 mars 1853.
Des Donations entre époux.

CLERGET-VAUCOULEURS, Claude-Edmond, de Langres (Haute-Marne).
Admis le 24 mai 1853.
Des Rapports.

JACQUINOT, Victor-Alfred, de Châtillon-sur-Seine.
Admis le 11 août 1853.
Du Bénéfice d'inventaire.

LEVÊQUE, Henri-Frédéric, de Lery (Côte-d'Or).
Admis le 26 août 1853.
Droit romain, *des Servitudes réelles;* Droit français, *des Biens qui composent la communauté légale.*

Faculté de droit de Rennes.

SALMON-LANBOURGÈRE, Charles-Marie-Julien, de Rennes (Ille-et-Vilaine).
Admis le 14 mars 1853.
De la Mort civile.

POTIRON-BOISFLEURY, Louis-Marie-César, de Plessé (Loire-Inférieure).
Admis le 21 février 1853.
Des Transactions.

Faculté de droit de Poitiers.

MARTINEAU, Joseph-Jacques-Auguste, de la Chapelle-Palluau (Vendée).
Reçu le 2 février 1863.
Des Actes de chacun des époux durant l'existence de la communauté légale et de l'effet de ces actes.

LEVRIER, Gabriel, de Sainte-Soline (Deux-Sèvres).
Admis le 7 mars 1853.
Des Donations entre époux.

VÉTELAY, Pierre-Achille, du Dorat (Haute-Vienne).
Admis le 26 novembre 1853.
Du Régime dotal.

Faculté de droit de Grenoble.

FEUGIER, Pierre-Louis, de Barbières (Drôme).
Reçu le 10 février 1853.
De la Preuve testimoniale.

PICQUET-DAMESME, Marie-Joseph (1), de Strasbourg (Bas-Rhin).
Reçu le 13 juillet 1853.
Du Droit de retour.

Faculté de droit d'Aix.

CHAUFFARD, Marie-Élisée-Anatole, d'Avignon (Vaucluse).
Admis le 2 février 1853.
De la Solidarité.

Faculté de droit de Toulouse.

GAUZY, Jean-Marie-Louis-Eugène, de Fronton (Haute-Garonne).
Admis le 20 janvier 1853.
Des Promesses du contrat.

---

(1) Secrétaire de la Faculté de droit de Grenoble, suppléant provisoire à la même Faculté.

LAVENÈRE-LAHONT, Jean-François-Hippolyte, de Montbert (Gers).

Admis le 29 juillet 1853.

Droit français, *de l'Hypothèque légale de la femme;* Droit romain, *du Système hypothécaire.*

BAUBY, Justin-Clément-Édouard, de la Tour-de-France (Pyrénées Orientales).

Reçu le 20 juillet 1853.

Droit romain, *Sur les pactes;* Droit français, *Donner et retenir ne vaut.*

HUC, Louis-Étienne-Théophile (1), de Toulouse (Haute-Garonne).

Reçu le 20 juillet 1853.

Droit romain, *de la Possession;* Droit français, *de la Purge des hypothèques.*

BONAFOS, Henri-Benjamin-Adolphe, de Perpignan (Pyrénées-Orientales.

Reçu le 20 décembre 1853.

Du Legs et de la vente de la chose d'autrui.

Faculté de droit de Strasbourg.

WEISS, Pierre-Mathieu-Armand, de Mulhouse (Haut-Rhin).

Reçu le 13 août 1853.

Des Droits de superficie.

NORTH, Jean, de Hurtigheim (Bas-Rhin).

Reçu le 15 décembre 1853.

Droit romain, *de la Manus;* Droit français, *de la Légitimation des enfants naturels.*

ANNÉE 1854.

Faculté de droit de Paris.

PIERRON, Michel, de Dieuze (Meurthe).

Admis le 9 janvier 1854.

Des Donations entre époux, en droit romain et en droit français.

COTELLE, Amédée-Victor, de Paris (Seine).

Admis le 11 mars 1854.

Des Rapports à succession.

---

(1) Suppléant provisoire à la Faculté de droit de Toulouse.

DROUET, Clovis, de Bais (Mayenne).

Admis le 11 mars 1854.

Essai sur les retraits de droits litigieux, successoral, lignager et féodal.

LEGRIEL, Frédéric-Pierre, de Dieppe (Seine-Inférieure).

Admis le 11 mars 1854.

Droit romain, *des Risques et périls dans les obligations;* Droit français, *de la Filiation naturelle et de la légitimation.*

PETIT, Auguste-Félix-Fernand, de Paris (Seine).

Admis le 11 mars 1854.

Des Vices du consentement dans les conventions.

PION, Benoît-Lucien, de la Côte-Saint-André (Isère).

Admis le 11 mars 1854.

Droit romain, *des Actions relatives à la liberté;* Droit français, *de l'Action en désaveu.*

SEVESTRE, Pierre-Charles, de Montigny (Côte-d'Or).

Admis le 11 mars 1854.

Droit romain, *des Pactes;* Droit français, *de la Solidarité.*

CARESME, Joseph-Émile, d'Amiens (Somme).

Admis le 14 avril 1854.

Théorie de la divisibilité et de l'indivisibilité des obligations.

GALLEMAND, Edmond, de Valognes (Manche).

Reçu le 18 mars 1854.

Droit romain, *de la Protection accordée à la femme pour la conservation et la restitution de la dot;* Droit français, *de l'Hypothèque légale de la femme.*

NOLLEVAL, Jules, de Paris (Seine).

Admis le 14 avril 1854.

Droit romain, *du Contrat de société;* Droit français, *de la Communauté entre époux.*

PLANCHENAULT, Ernest-Félix, d'Angers (Maine-et-Loire).

Admis le 18 mars 1854.

De la Solidarité.

CAMBRES, Paul-Marie-Joseph-Pierre-Gaëtan, de St-Martin de Vers (Lot).

Admis le 16 juin 1854.

Théorie de la novation.

DAUFRESNE, Eugène-Paul, de Lisieux (Calvados).

Admis le 16 juin 1854.

De la Cause dans les obligations.

LEROUX, Jean-Baptiste-Sénateur, de Bacqueville (Seine-Inférieure).

Admis le 16 juin 1854.

Dissertation sur la compensation.

LEROY, Alexis-Henri, de Saint-Quentin (Aisne).

Admis le 16 juin 1854.

Droit romain, *de Dolo malo;* Droit français, *de la Contrainte par corps.*

ROUSSEAU, Charles-Henri-René, de la Chapelle-sur-Oudon (Maine-et-Loire).

Admis le 16 juin 1854.

Droit romain, *de Captivis et post liminio reversis;* Droit français, *des Enfants naturels.*

WALLUT, Charles-Ferninand, de la Ferté (Aube).

Admis le 8 mai 1854.

Des Intérêts et des rentes.

DUCHEMIN, Camille-Marie, de Laval (Mayenne).

Admis le 8 mai 1854.

Des Obligations solidaires.

DABOT, Henri-Dieudonné, de Péronne (Somme).

Admis le 8 mai 1854.

De la Solidarité.

CHEVALLIER, Louis-Célestin, de Saint-Ulphace.

Admis le 8 mai 1854.

De la Pétition d'hérédité.

DELAGARRIGUE, Jean-Marie-Ferdinand, de Saint-Flour (Cantal).

Admis le 1er septembre 1854.

De l'Extinction des droits réels et personnels par la renonciation.

BOUCHER DE LA RUPELLE, Charles-Paul-Émile.

Admis le 1er septembre 1854.

Droit français, *de la Condition des enfants naturels simples;* Droit romain, *de l'Acquisition des fruits.*

PEPIN, Paul, de Notre-Dame-de-Fresnay.

Admis le 1er septembre 1854.

Droit romain, *Pecule castrense;* Droit français, *Origine de l'usufruit paternel.*

Miroudot, Anne-Marie-Joseph, de Villersexel (Haute-Saône).

Admis le 1er septembre 1854.

Du Droit de suite.

Parfait-Berthelot, Louis-Auguste, de Paris (Seine).

Admis le 1er septembre 1854.

De l'Obligation.

Mezières, Charles-Louis, de Hirson (Aisne).

Admis le 1er septembre 1854.

De l'Extinction et de la purge des hypothèques, en droit romain et français.

Turquin, Joseph-Charles-Ernest, de Chalandry (Aisne).

Admis le 1er septembre 1854.

Droit romain, *du Testament inofficieux;* Droit français, *de la Réduction des donations et legs.*

Colmels-de-Puntis, Étienne-Louis, de Saint-Garnier (Gers).

Admis le 1er septembre 1854.

Des Éléments constitutifs de la chose jugée en matière civile.

Brachet, Jean-Baptiste, de Nantua (Ain).

Admis le 1er septembre 1854.

De l'Action paulienne, en droit romain et en droit français.

Sahuc, Bernard-Louis-Émile.

Admis le 1er septembre 1854.

Des Conditions sous lesquelles est admise l'exception de la chose jugée.

David, André-Émile, de Niort (Deux-Sèvres).

Admis le 1er septembre 1854.

Des Divers bénéfices accordés à la caution.

Gigot, Prosper-Alexis-Ernest, de Saint-Cyr en Bourg (Maine-et-Loire).

Admis le 1er septembre 1854.

Droit romain, *de la Pétition d'hérédité;* Droit français, *de l'Hypothèque légale de la femme mariée sur les biens de son mari.*

Chain, Louis-François-Henri, de Bruys (Aisne).

Admis le 1er septembre 1854.

Du Bail à ferme, droit romain et droit français.

Fourchy, Henri, de Paris (Seine).

Admis le 1er septembre 1854.

Droit romain, *Qui potiores in pignore vel hypotheca habeuntur et de his qui in priorum creditorum locum succedunt;* Droit français, *Droit coutumier.*

HERMAND, Octave-Philippe-Célestin, de Saint-Omer (Pas-de-Calais).

Admis le 1er septembre 1854.

Droit romain, *des Rétentions exercées par le mari sur la dot à raison de ses impenses;* Droit français, *des Reprises des époux sous le régime de la communauté légale, à raison de la vente de leurs meubles propres.*

VARÉ, Amédée-Louis-Joseph, de Cambrai (Nord).

Admis le 1er septembre 1854.

Droit romain, *Constitution du droit d'hpothèque;* Droit français, *Purge des hypothèques.*

FAIN, Edmond, de Paris (Seine).

Admis le 1er septembre 1854.

De l'Action Paulienne.

FORCHERON, Claude-Émile, de Valence (Drôme).

Admis le 1er septembre 1854.

De la Dot immobilière, et en particulier de son caractère d'inaliénabilité.

DUCROCQ, Théophile-Gabriel-Auguste, de Lille (Nord) (1).

Admis le 1er septembre 1854.

Théorie des fautes dans les délits, quasi-délits, contrats et quasi-contrats.

PONTIER, Gilles-Arsac, de la Rochelle (Charente-Inférieure).

Admis le 1er septembre 1854.

Du payement, en droit romain et en droit français.

PÉRARD, Jules-Michel, de Béthune (Pas-de-Calais).

Admis le 1er septembre 1854.

De l'Action Paulienne ou révocatoire.

BIGOT, Julien-Armand, de Couptrain (Mayenne).

Admis le 1er septembre 1854.

De la Cession de créance.

DAMASCHINO, Nicolas, de Corfou (îles Ioniennes).

Admis le 1er septembre 1854.

De l'Incapacité de la femme mariée.

GIRAUD, Joseph-Jean-Baptiste-Martial, de Cagnes (Var).

Admis le 18 décembre 1854.

Des Garanties accordées à la femme pour la répétition de sa dot sous le régime de la communauté.

---

(1) Suppléant provisoire à la Faculté de droit de Poitiers (arrêté du 26 mars 1857).

TRINIAC, Étienne-Alfred, de Pierrefort (Cantal).
Admis le 18 décembre 1854.
Des Rapports à succession.

MURAY, Gervais-Joseph-Optat, du Mans (Sarthe).
Admis le 30 décembre 1854.
De l'Action Paulienne.

LOBINHES, Marie-Antoine-Benjamin.
Admis le 30 décembre 1854.
Des Transactions.

Faculté de droit de Toulouse.

LE DESCHAULT, Adrien-François, de Chaumont (Haute-Marne).
Admis le 1er février 1854.
Du Vol.

AFFRE, Jean-Alexis-Henri, d'Espalion (Aveyron).
Admis le 8 mars 1854.
Droit romain, *de la Novation;* Droit français, *des Substitutions.*

CHABOUD, Joseph-Léon, de Béziers (Hérault).
Admis le 4 avril 1854.
Droit romain, *du Mandat;* Droit français, *du Contrat de commission.*

ALDEBERT, Étienne-Aristide, de Sommières (Gard).
Admis le 11 avril 1854.
Droit romain, *des Restrictions apportées au droit de tester;* Droit français, *des Substitutions.*

QUENAULT, Alphonse-Bernardin-François, de Paris (Seine).
Admis le 18 mai 1854.
Droit romain, *de la Pétition d'hérédité;* Droit français, *de la Transmission de l'hérédité.*

MAGE, Pierre-Félix-Émile, de Saint-Cirgues (Lot).
Admis le 6 juillet 1854.
De la Séparation des patrimoines.

ALBENAS (D'), Jean-Marie-Albert, Montpellier (Hérault).
Admis le 4 juillet 1854.
Des Effets du partage en matière de succession.

MUZOLLE, Jean, de Saint-Clément (Cantal).
Admis le 21 juillet 1854.
Droit romain, *de la Restitution de la dot;* Droit français, *de la Subrogation.*

GAUDIN, Léon-François, de Montpellier (Hérault).

Admis le 28 juillet 1854.

Droit français, *la Répudiation et le Divorce;* Droit romain, *de l'Inaliénabilité de la dot.*

COSTE, Jean-Charles, de Toulouse (Haute-Garonne).

Admis le 28 juillet 1854.

De l'Obligation naturelle; Droit français, *des Effets de la bonne foi sur les mariages nuls et annulés.*

ESTIVALS, Antoine-Victor, de Rignac (Aveyron).

Admis le 7 août 1854.

Droit romain, *de la Restitution de la dot;* Droit français, *de la Subrogation.*

PELISSIÉ DE RAUSAS, Jean-Antoine-Marc-Marguerite-Nose-Ullin, de Realville (Tarn-et-Garonne).

Admis le 4 août 1854.

Droit romain, *des Justes noces;* Droit français, *de la Quotité disponible.*

COURAUD, Pierre-Adrien-Amédée (1), de Royan (Charente-Inférieure).

Admis le 10 août 1854.

Droit romain, *la Législation sous Auguste;* Droit français, *des Fidéicommis.*

Faculté de droit de Strasbourg.

DEMONTZEY, Gabriel-Victor-Jules, de Saint-Dié (Vosges).

Admis le 4 février 1854.

De la Propriété mobilière et immobilière.

ZAEPFFEL, Eugène, de Benfeld (Bas-Rhin).

Admis le 1er juillet 1854.

Droit romain, *de Testamento et divisione parentum inter liberos;* Droit français, *des Partages d'ascendants.*

DUJARDIN, Pierre-Hubert-Auguste, de Heidolsheim (Bas-Rhin).

Admis le 19 août 1854.

Droit romain, *de Manu;* Droit français, *de l'Hypothèque légale des femmes mariées.*

---

(1) Agrégé nommé au concours du 2 novembre 1856. — M. Couraud est attaché à la Faculté de droit de Grenoble.

LALANDE, Henri-René-Léon-Paul-Émile-Adrien, de Lunéville (Meurthe).

Admis le 31 juillet 1854.

Droit romain, *de la Famille romaine;* Droit français, *du Consentement.*

LEDERLIN, Eugène (1), de Strasbourg (Bas-Rhin).

Admis le 22 juillet 1854.

Droit romain, *de la Puissance paternelle d'après les principes du droit romain;* Droit français, *des Effets du droit de suite en matière hypothécaire, d'après les principes du Code Napoléon.*

Faculté de droit de Rennes.

RENEAUME, Alfred-Louis, de Doué (Maine-et-Loire).

Admis le 10 janvier 1854.

Des Personnes et des questions d'État.

ROUMAIN DE LA-TOUCHE, Henri-Hyacinthe-Clément d'Ancenis (Loire-Inférieure).

Reçu le 30 juin 1854.

Des Conditions physiques et impossibles.

MARTIN-FEUILLÉE, Félix, de Rennes (Ille-et-Vilaine).

Admis le 31 juillet 1854.

De l'Action paulienne.

BOULLIER, Gabriel-François, d'Ernée (Mayenne).

Admis le 1er août 1854.

Des Rapports à succession.

Faculté de droit de Dijon.

GUIGOT, Charles-Ernest-Hippolyte, de Louhans (Saône-et-Loire).

Admis le 30 août 1854.

Des Dispositions entre époux.

Faculté de droit de Poitiers.

INQUINBERT, Georges, de Saintes (Charente-Inférieure).

Admis le 2 février 1854.

De la Condition civile des femmes.

---

(1) Suppléant provisoire à la Faculté de droit de Strasbourg.

SICARD, Marie-Paul-Alfred, de Melle (Deux-Sèvres).

Admis le 8 avril 1854.

Droit français, *de la Séparation de corps;* Droit romain, *de la Condition des débiteurs chez quelques peuples de l'antiquité, et particulièrement chez les Romains.*

Faculté de droit de Caen.

MABIRE, Auguste-Hippolyte, de Caen (Calvados).

Admis le 31 août 1854.

De l'Inaliénabilité dotale.

CAREY, Thomas-Godfrey, de Guernesey (Angleterre).

Admis le 31 août 1854.

Droit romain, *des Successions ab intestat;* Droit français, *de la Chose jugée.*

DUHOMMET, Gustave-Charles, de Picauville (Manche).

Admis le 28 février 1854.

Du Contrat de rente viagère.

TAVIGNY DE LONGPREY, Louis, de Bayeux (Calvados).

Admis le 31 août 1854.

Des Questions préjudicielles en matière criminelle.

VALOT, Charles-Émile, de Caen (Calvados).

Admis le 31 décembre 1854.

De la Séparation des patrimoines.

Faculté de droit de Grenoble.

BROUCHOUD, Claude-Anne-François, de la Guillotière (Rhône).

Admis le 7 avril 1854.

Droit romain, *de la Donatio propter nuptias;* Droit français, *de l'Institution contractuelle.*

LACOUR, Charles-Horace-Émile, de Bourg-de-Péage (Drôme).

Admis le 31 août 1854.

De la Nature et des Effets du droit de rétention.

GUEYMARD, Jean-Auguste-Achille-Alfred, de Grenoble (Isère).

Admis le 24 août 1854.

Droit romain, *l'Inaliénabilité de la dot;* Droit français, *du Mariage et des Successions des étrangers en France.*

Faculté de droit d'Aix.

GUIGOU, Just-Louis-Henri, de Brignolles (Var).

Admis le 10 juillet 1854.

Droit français, *des Conditions;* Droit romain, *de la Substitution vulgaire et pupillaire.*

VIAL, Jean-Baptiste, de Lyon (Rhône).

Admis le 16 novembre 1854.

Droit romain, *de fœneratoriis, moratoriisque usuris;* Droit français, *du Partage d'ascendants.*

BERGASSE, Alphonse-Alexandre-Amédée, de Marseille (Bouches-du-Rhône).

Admis le 25 novembre 1854.

Des Donations.

ANNÉE 1855.

Faculté de droit de Paris.

CASATI, Claude-Marie-Charles, de Lyon (Rhône).

Admis le 10 janvier 1855.

Principes généraux des lois.

PARIS, Auguste-Joseph, de Saint-Omer (Pas-de-Calais).

Admis le 10 janvier 1855.

De la Puissance paternelle.

DE BERTHEVILLE, Louis-Étienne-Albin, de Paris (Seine).

Admis le 24 janvier 1855.

Des Donations entre époux.

PLÉ, Just-Clément, de Paris (Seine).

Admis le 24 janvier 1855.

De la Capacité du mineur.

MOURRE, Henri-Xavier, de Paris (Seine).

Admis le 8 février 1855.

Du Fonds dotal.

DEUDON, Charles-Henri, du Cateau (Nord).

Admis le 9 février 1855.

Droit romain, *de Pignoribus et hypothecis;* Droit français, *des Priviléges sur les meubles.*

BUCHOT, Stéphane-Philibert-Richard, de Paris (Seine).
Admis le 15 février 1855.
Droit romain, *de Condictione indebiti;* Droit français, *de la Répétition de ce qui a été payé sans être dû.*

DELTHEIL, Marie-Augustin-Léon, de Souillac (Lot).
Admis le 23 février 1855.
Droit romain, *Action publicienne;* Droit français, *de la Loi du 3 mai sur l'expropriation pour cause d'utilité publique.*

MABIRE, Henri-Charles-Jean-Marie, de Cherbourg (Manche).
Admis le 23 février 1855.
Droit romain, *de la Pétition d'hérédité;* Droit français, *de la Séparation de corps.*

DE RÉMUSAT, Pierre-François-Gilbert, de Paris (Seine).
Admis le 14 mars 1855.
Du Prêt à intérêts et de la rente.

CHAMBAREAUD, Jean-Antoine-Victor-Élie, de Bordeaux (Gironde).
Droit romain, *Livre XII, tom. VI;* Droit français, *Code civil, art. 1376 et 1381.*

SÉGUIER, Antoine-Joseph-Maurice, de Paris (Seine).
Admis le 21 mars 1855.
De la Substitution vulgaire.

LARNAC, Louis-Émile-Philippe, de Nîmes.
Admis le 22 mars 1855.
Droit romain, *du Pécule castrense;* Droit français, *de l'Usufruit paternel.*

MALANDRIN, Charles-Jules, de Rouen (Seine-Inférieure).
Reçu le 29 mars 1855.
Droit romain, *des Priviléges;* Droit français, *Priviléges sur les meubles.*

MOINIER, André-Marie, de Joze-Tissonnière (Puy-de Dôme).
Admis le 26 avril 1855.
Droit romain, *de Novationibus et delegationibus;* Droit français, *de la Novation.*

VINGTAIN, Alexis-Louis-Albert, de Paris (Seine).
Admis le 13 avril 1855.
Droit romain, *des Effets des conventions;* Droit français, *de l'Admissibilité de la preuve testimoniale.*

Batailh, Pierre-Frédéric, de Jovelle (Dordogne).
Admis le 3 mai 1855.
De la Garantie en cas d'éviction.

Bethmont, Louis-François-René, de Paris (Seine).
Admis le 25 avril 1855.
De la Séparation des patrimoines.

Bournat, Jean, de Montbrison (Loire).
Admis le 15 mai 1855.
De la Personnalité juridique des communes.

Dulong, Jacques-Louis, de Saint-Loup-de-Varennes (Saône-et-Loire).
Admis le 24 mai 1855.
Droit romain, *du Droit de préférence entre créanciers hypothécaires et de l'acquisition de la propriété par subrogation;* Droit français, *du Privilége du gagiste.*

De Salvandy Paul (1), d'Essonnes (Seine-et-Oise).
Admis le 20 juin 1855.
Essai sur l'histoire et la législation particulière des gains de survie entre époux.

Chevrier, Adolphe-Charles, de Paris (Seine).
Admis le 14 juin 1855.
Droit romain, *des Conditions et de la forme du mariage;* Droit français, *des Nullités du mariage.*

Barbier, Édouard-Aimé, de Rennes (Ille-et-Vilaine).
Admis le 20 juin 1855.
De la Possession.

Costes, Joseph-Henri-Prosper, de Beaumont (Puy-de-Dôme).
Admis le 21 juin 1855.
De la Vente des créances.

Baratin, Louis-Eugène, de Paris.
Admis le 14 juin 1855.
Droit français, *de la Preuve littérale privée, et plus spécialement des actes sous seing privé;* Droit romain, *de la Pétition d'hérédité.*

---

(1) Fils de l'ancien ministre dont la France déplore la perte récente.

HEDDE, Eugène-François, de Calais (Pas-de-Calais).

Admis le 27 juin 1855.

De la Séparation des patrimoines.

LAMBERT DE BEAULIEU, Charles-Anatole, de Lille (Nord).

Admis le 28 juin 1855.

De la Séparation des patrimoines.

MARINIER, Louis-Ange (1), de Brest (Finistère).

Admis le 27 juillet 1855.

Des Actions possessoires.

TIPHAINE, Jules, de Saint-Pierre (île de la Réunion).

Admis le 18 juillet 1855.

Du Payement avec subrogation.

PETIT, Charles-Auguste, de Gien (Loiret).

Admis le 11 juillet 1855.

De la Répétition de l'indû.

RICHOUFFTZ (de), Ludovic-Aimé-Victor, de Manin (Pas-de-Calais).

Admis le 1er août 1855.

De la Compensation.

TAMBOUR, Jules-Édouard, d'Auxerre (Yonne).

Admis le 1er août 1855.

Du Bénéfice d'inventaire.

LIZOT, Pierre-Gustave, du Havre (Seine-Inférieure).

Admis le 2 août 1855.

Droit romain, *des Hypothèques;* Droit français, *des Priviléges sur les meubles.*

LEFÈVRE-PONTALIS, Germain-Antonin, de Paris (Seine).

Admis le 11 août 1855.

De la Condition légale de la femme mariée, et en particulier de son incapacité.

BARRÉ, Albert-Edmond, d'Orchamps (Jura).

Reçu le 8 août 1855.

Des Transactions.

VIAUD, Isidore-Aimé, de Saint-Gervais (Vendée).

Admis le 18 août 1855.

De la Puissance maritale.

---

(1) Suppléant provisoire à la Faculté de droit de Strasbourg (arrêté du 10 février 1857).

VERNET, Jean-François-Prosper (1), de Cahors (Lot).
Admis le 24 août 1855.

De la Quotité disponible.

CAMUSET, Louis-Eugène, de Paris (Seine).
Admis le 24 août 1855.

Des Donations entre époux.

LUCAS, Alexis-Théophile, de Cresantigue (Aube).
Admis le 24 août 1855.

Droit romain, *de la Vente d'autrui;* Droit français, *de l'Émancipation.*

GUYOT, Marie-Paul-Pierre, de Paris (Seine).
Admis le 25 août 1855.

De la Garantie d'éviction.

ALLY, Nicolas-François-Émile, de Grancey-le-Château (Côte-d'Or).
Admis le 25 août 1855.

De la Transmission de la propriété et de ses démembrements par les conventions.

RONSSIN, Honoré-Victor, de Paris (Seine).
Admis le 25 août 1855.

Le Bail à ferme.

CHRÉTIEN, Auguste-Gustave, de Paris (Seine).
Admis le 25 août 1855.

Du Droit des dots, en droit romain ; — *de l'Incapacité de la femme mariée,* en droit français.

TISSERAND, Nicolas-François-Eugène, de Saint-Dié (Vosges).
Admis le 27 août 1855.

Droit romain, *de la Compensation;* Droit français, *Considérations générales sur le principe de la non rétroactivité.*

LE CHARPENTIER, Gustave-René, de Saint-Maixent (Deux-Sèvres).
Admis le 27 août 1855.

Droit romain, *de la Novation et de la Délégation;* Droit français, *de la Purge des priviléges et des hypothèques.*

BOUVARD, Louis-Joseph-Sébastien, de Pontarlier (Doubs).
Admis le 29 novembre 1855.

Traité de l'état juridique des aliénés.

---

(1) Agrégé (concours du 2 novembre 1856). M. Vernet est attaché à la Faculté de droit de Toulouse.

Guériot, Philippe-Augustin-Jules, de Lizy-sur-Ourcq (Seine-et-Marne).

Admis le 27 décembre 1855.

Des Rapports à succession.

Faculté de droit d'Aix.

Jaubert, Ernest-Félix, de Sisteron (Basses-Alpes).

Admis le 22 janvier 1855.

Droit romain, *de la Collation bonorum;* Droit français, *du Partage d'ascendants.*

Seguin, Gaspard-Bernard-Léopold, de Manosque (Basses-Alpes).

Admis le 20 janvier 1855.

Droit romain, *des Effets du consentement et de la tradition dans les conventions;* Droit français, *des Vices du consentement.*

Grégoire, Jean-Joseph-Louis, de Marseille.

Reçu le 7 mai 1855.

Droit romain, *Sur les pactes;* Droit français, *de la Prescription des actes translatifs de propriété.*

Du Tremolet de La Cheisserie, Henri-Ferdinand, de Lemps (Ardèche).

Admis le 28 juillet 1855.

Droit romain, *des Hypothèques;* Droit français, *des Priviléges sur les meubles.*

Gide, Jean-Paul-Guillaume, d'Uzès (Gard).

Admis le 9 juillet 1855.

Des Droits de légitime et de réserve, d'après les lois romaines, l'ancien droit français et le Code Napoléon.

Faculté de droit de Caen.

Piel-Desruisseaux, Georges-Charles-Joseph, de Caen (Calvados).

Admis le 17 février 1855.

De l'Arbitrage forcé.

Joly, Pierre-Gustave, de Merlerault (Orne).

Admis le 30 mars 1855.

De la Complicité.

CAREL, Paul-Alexandre, de Luc-sur-Mer (Calvados).

Admis le 16 mai 1855.

De la Possession des meubles, dans le droit romain, l'ancien droit et le droit actuel.

ROUSSEL, Aimable-Hyacinthe, de Montivilliers (Seine-Inférieure).

Admis le 27 juin 1855.

De la Compétence des tribunaux de commerce.

DIAVET, Narcisse, de la Pointe-à-Pître (Guadeloupe).

Admis le 30 juillet 1855.

De la Faillite.

DAUMESNIL, Pierre-Henri, de Lisieux (Calvados).

Admis le 8 août 1855.

De l'Exercice des reprises et prélèvements sous les régimes de communauté.

DUBOURG, Richard-Auguste, de Falaise (Calvados).

Admis le 25 août 1855.

De la Prescription par dix et vingt ans.

ÉLOY, Vincent-Henry, de Saint-Romain-de-Colbose (Seine Inférieure).

Admis le 4 décembre 1855.

Des Droits successifs des enfants naturels.

Faculté de droit de Dijon.

MUGNIER, Charles-Louis-Marie, de Gray (Haute-Saône).

Admis le 28 avril 1855.

De la Preuve littérale.

LORIN DE RECRE, Jean-Baptiste-Victor-Édouard, d'Autun (Saône-et-Loire).

Admis le 25 août 1855.

De la Transcription hypothécaire (Loi du 23 mars 1855).

BAZOT, Jean-Baptiste-Théophile, de Château-Chinon (Nièvre).

Admis le 27 novembre 1855.

De la Réserve et de la Réduction.

Faculté de droit de Grenoble.

EYSSAUTIER, Louis-Auguste, de Serres (Hautes-Alpes).

Admis le 27 février 1855.

Essai historique et doctrinal sur les manus à Rome et la puissance maritale en France.

GUEYFIER, Frédéric-Abel-Augustin, de Saint-Pierre-de-Bressieu (Isère).

Admis le 30 août 1855.

Droit français, *du Retrait successoral;* Droit romain, *des Lois per diversas et ab anastasio.*

ACCARIAS, Joseph-Antoine, de Grenoble (Isère).

Admis le 31 août 1855.

Étude historique sur le pacte commissoire et la résolution de la vente par défaut de payement.

JAY, Émile-Sylvain-Casimir, de Grenoble (Isère).

Admis le 31 août 1855.

Droit français, *de la Jouissance des droits civils en France par les étrangers;* Droit romain, *de la Contrainte par corps dans le droit civil de Rome.*

BUFFEL-DUVAURE, Philippe-Henri-Victorin, d'Aurons (Bouches-du-Rhône).

Admis le 31 décembre 1855.

Du Ministère public.

Faculté de droit de Poitiers.

BOSSU, Henri-Mathurin-Augustin, de Saint-Denis (Vendée).

Admis le 24 février 1855.

Droit romain, *des Créanciers;* Droit français, *des Subrogations.*

BEYLOT, Aubin, de Dussac (Dordogne) (1).

Admis le 6 juillet 1855.

Droit romain, *des Partages et des Testaments inter liberos;* Droit français, *des Partages d'ascendants.*

PARENTEAU-DUBEUGNON, Émile, de la Rochelle.

Admis le 3 août 1855.

Droit romain, *de Collationibus;* Droit français, *des Rapports.*

Faculté de droit de Rennes.

GUYAU, Louis, de Laval (Mayenne).

Admis le 21 juillet 1855.

De la Vente de la chose d'autrui.

---

(1) Suppléant provisoire à la faculté de droit de Poitiers (arrêté du 26 mars 1857.)

SAUVÉ, Léon-Alexandre, d'Ernée (Mayenne).

Admis le 24 juillet 1855.

De la Puissance maritale.

Faculté de droit de Toulouse.

BIBENT, Jacques-Marie, de Toulouse (Haute-Garonne).

Admis le 31 janvier 1855.

Droit romain, *Théorie de la compensation;* Droit français, *du Crédit foncier.*

SOLOMIAC, François-Jules-Marie, de Toulouse (Haute-Garonne).

Admis le 31 mars 1855.

Droit romain, *de la Convention d'hypothèques;* Droit français, *du Retour légal ou successoral.*

GIL, Jacques-Philippe-Paulin, de Monestiès (Tarn).

Admis le 11 juillet 1855.

Droit romain, *de l'Exception non numerata pecunia;* Droit français, *des Transferts de la propriété par l'effet des conventions.*

RIVIÈRE, Jean-Marie-Louis-Gabriel-Edmond, de Toulouse.

Admis le 8 août 1855.

Droit romain, *des Risques et périls et de la mise en demeure;* Droit français, *des Assurances terrestres.*

PILLORE, Vital-Florentin, de Toulouse (Haute-Garonne).

Admis le 10 août 1855.

Du Droit de rétention.

LABROQUÈRE, Joseph-Célestin-Victor-Armand, de Galan (Hautes-Pyrénées).

Admis le 13 août 1855.

Droit romain, *de l'Action hypothécaire;* Droit français, *de la Prescription en matière criminelle.*

DE RAYMOND-CAHUZAC, Bernard-Marie-Jean-Charles, d'Avignonnet (Haute-Garonne).

Admis le 2 mai 1855.

Droit romain, *des Fidéi-commis;* Droit français, *de la Preuve testimoniale.*

VACQUIER, Jacques-Guillaume-Louis-Gabriel-Ernest, de Toulouse (Haute-Garonne).

Admis le 20 décembre 1855.

De la Condition des étrangers.

Faculté de droit de Strasbourg.

KERN, Charles-Auguste, de Strasbourg (Bas-Rhin).

Admis le 17 février 1855.

De l'Emphytéose.

BEYSER, Charles-Jules-Edmond, de Strasbourg (Bas-Rhin).

Admis le 9 juin 1855.

Droit romain, *de la Légitime;* Droit français, *de la Quotité disponible.*

DELABAUME, Joseph-Victor-Oscar, de Schittigheim (Bas-Rhin).

Droit romain, *des Donations;* Droit français, *du Régime dotal.*

PONCET DES NOUAILLES, Léonard-Georges-Arthur, de Limoges (Haute-Vienne).

Admis le 25 août 1855.

Droit romain, *de Fide jussione;* Droit français, *des Droits des enfants naturels sur les biens de leurs père et mère.*

JUILLARD, Louis, de Saint-Imier, canton de Berne (Suisse).

Admis le 17 novembre 1855.

Droit romain, *de Pactis;* Droit français, *de la Subrogation personnelle.*

ZIX, Jean-Philippe, de Vaise-Lyon (Rhône).

Admis le 4 décembre 1855.

Droit romain, *de la Position des enfants naturels dans la société romaine et de leur légitimation;* Droit français, *du Droit du retour légal.*

ANNÉE 1856.

Faculté de droit de Paris.

POUGNET, Honoré-Auguste, de Verdun (Meuse).

Admis le 6 mars 1856.

Droit romain, *des Conditions nécessaires à la validité, des personnes qu'elle peut comprendre, de ses formes et de ses modalités.* Droit français, *du Legs universel.*

FLEURY, Jacques-Léon, de l'Aigle (Orne).

Admis le 26 mars 1856.

Des Rapports à succession.

ROGER, Théophile-René, de Saint-Étienne-Coglès (Ille-et-Vilaine).

Admis le 26 mars 1856.

Des Transactions.

GODELLE, Camille, de Guise (Aisne).

Admis le 9 avril 1856.

Des Donations entre époux.

ROUQUIER, Joseph-Théophile, de Saint-Césaire (Var).

Admis le 16 avril 1856.

Des Mutations de propriétés par actes entre vifs.

BETHMONT, Paul-Louis-Gabriel de Vitry-sur-Seine.

Admis le 13 février 1856.

Droit romain, *de la Publicienne;* Droit français, *des Caractères généraux de la possession au point de vue de la prescription.*

TROUILLER, Augustin-Casimir, du Bourg-du-Péage (Ain).

Admis le 13 février 1856.

Droit romain, *des Divers pécules des fils de famille;* Droit français, *de la Succession anormale des ascendants.*

DAGNEAU DE RICHECOUR, Marie-François-Antoine, de Laon (Aisne).

Admis le 20 février 1856.

Essai sur l'histoire et la législation des formes requises pour la validité du mariage.

LOMPRÉ, Nicolas-Marie-Alexandre, de Semur (Côte-d'Or).

Admis le 17 mars 1856.

De la Novation contractuelle.

POIREL, Paul-Émile, de Nancy (Meurthe).

Admis le 5 mars 1856.

De la Vente ou transport des créances.

JONGLEZ, Alexandre-Procope, de Lille (Nord).

Admis le 24 avril 1856.

De la Puissance paternelle considérée spécialement dans les attributs sur les biens des enfants.

GUYOT, Joseph-Ferdinand-Archambauld, de Paris (Seine).

Admis le 7 mai 1856.

Droit romain, *de la Publicienne ;* Droit français, *des Communes et leur personnalité juridique.*

ROHART, Jules-Henri-Édouard, de Dunkerque (Nord).

Admis le 18 mai 1856.

De l'Adoption.

Prévost, Amédée-Louis-Henri, de Montfort-l'Amaury (Seine-et-Oise).

Admis le 22 mai 1856.

De la Compensation.

Gosset, Félix-Henri, de Reims (Marne).

Admis le 7 mai 1856.

Droit romain, *du Droit de gage ou d'hypothèque;* Droit français, *des Priviléges des particuliers sur les meubles.*

Parisot, Pierre-Alexis-Maxime, de Nancy (Meurthe).

Admis le 8 mai 1856.

Droit romain, *de la Garantie due au vendeur en cas d'éviction;* Droit français, *de la Preuve de la filiation légitime.*

Lecoq, Paul-Oscar, de Paris (Seine).

Admis le 18 juin 1856.

Droit romain, *de la Pétition d'hérédité;* Droit français, *des Rentes perpétuelles.*

Fayau, Louis-Jean-Baptiste-Jules, de Nantes (Loire-Inférieure).

Admis le 18 juin 1856.

Droit romain, *du Prêt (de Rebus creditis);* Droit français, *des Rentes perpétuelles.*

Magimel, Edmond-Gaétan, de Paris (Seine).

Admis le 19 juin 1856.

Des Droits du vendeur.

Babled, Louis-Ernest-Frédéric, de Craone (Aisne).

Admis le 26 juin 1856.

De l'Action paulienne.

Mercier, Hilaire-Auguste, de Paris (Seine).

Admis le 2 juillet 1856.

Droit français, *de la Propriété communale;* Droit romain, *de Aqua quotidiana et æstiva, de rivis, de fonte.*

Dureteste, Ernest, de Tourteron (Ardennes).

Admis le 20 août 1856.

Droit romain, *du Crédit et de la Condictio;* Droit français, *des Rentes constituées.*

Pasqual, Auguste, d'Avesne (Nord).

Admis le 25 juillet 1856.

De la Compensation.

VELLAUD, Alfred-Michel, de Paris (Seine).

Admis le 5 août 1856.

De l'Usufruit.

DAVID, Marie-René-Edmond, de Niort (Deux-Sèvres).

Admis le 7 août 1856.

De la Cession des créances.

AQUARONE, Joseph-François-Augustin, de Gibraltar (Espagne).

Admis le 16 août 1856.

Droit romain, *De l'Action familiæ eriscundæ ;* Droit français, *des Partages d'ascendants.*

VARAMBON, François-Laurent-Léon, de Lyon (Rhône).

Admis le 18 août 1856.

De la Cession ou vente des créances.

LELIGOIS, Antoine-Hippolyte, de Paris (Seine).

Admis le 19 août 1856.

Droit romain, *le Senatus-consulte macédonien;* Droit français, *de l'Action en nullité ou en rescision des actes faits par les mineurs ou leurs tuteurs.*

MOITESSIER, Paul-Sigisbert, de Mirecourt (Vosges).

Admis le 19 août 1856.

Droit romain, *du Pecule castrense;* Droit français, *de l'Usufruit paternel.*

VIOLLAUD, François-Marie-Némorin, de Saintes (Charente).

Admis le 1er août 1856.

Droit romain, *des Contrats innommés ;* Droits français, *de l'Absence.*

BARBOTIN, François-Julien René, de Bain (Ille-et-Vilaine).

Admis le 29 juillet 1856.

Des Rapports à succession.

THIESSET, Ferdinand, de Bar-sur-Seine (Aube).

Admis le 31 juillet 1856.

De la Cession d'actions (ou de créances).

GUICHENOT, Jean-Baptiste-Émile, de Bologne (Haute-Marne).

Admis le 31 juillet 1856.

De la Renonciation en matière de succession.

BÉRARD-DESGLAGEUX, Marie-Henri-Anatole-François de Paule, d'Ormesson (Seine-et-Oise).

Admis le 25 août 1856.

De l'Échange.

DELPECH, Henri-Louis-Marie, de Montpellier (Hérault).

Admis le 25 août 1856.

Droit romain, *de la Loi Aquilia ;* Droit français, *de la Complicité.*

PAULMIER, Léon-François, de Châtillon-sur-Seine (Loiret).

Admis le 25 août 1856.

De l'Action en revendication.

MONTLART, Achille-Alfred, d'Amiens (Somme).

Admis le 26 août 1856.

Des Conditions requises pour la validité du mariage.

RAVELET, Eugène-Armand, de Vassy (Haute-Marne).

Admis le 26 août 1856.

De l'Adoption.

FORTIER-MAIRE, Arsène-Émile, de Loches (Aube).

Admis le 27 août 1856.

Du Droit de résolution accordé au vendeur.

CRÉQUY, Paul-Émile, de Château-Portien (Ardennes).

Admis le 27 août 1856.

De la Solidarité.

DUBOIS, Charles-Louis-Amable, d'Amiens (Somme).

Admis le 27 août 1856.

Des Actes faits en fraude des créanciers.

SALLE, Jean-Émile, de Saint-Denis (Seine).

Admis le 4 décembre 1856.

Droit romain, *du Droit de gage ;* Droit français, *des Priviléges spéciaux sur les immeubles et de leurs effets.*

PAGÈS, Antoine-François, de Riom (Puy-de-Dôme).

Admis le 17 décembre 1856.

De la Cession et du transport des créances.

THIRIOT, Charles-Joseph-Ferdinand, de Borny-Grizy (Moselle).

Admis le 26 décembre 1856.

Des Sociétés, en droit romain; *du Passif de la communauté*, en droit français.

AUBRY, Auguste-Eugène, de Tuffé (Sarthe).

Admis le 22 décembre 1856.

Du Droit des dots.

De Pelerin, François-Régis-Marie-Paul, d'Allais (Gard).
Admis le 22 décembre 1856.
De la Vente des créances.

Faculté de droit d'Aix.

Blanchard, Jules-Auguste, de Marseille (Bouches-du-Rhône).
Admis le 30 janvier 1856.
Droit romain, *de la Puissance paternelle;* Droit français, *de la Condition des enfants naturels, simples, incestueux et adultérins.*

Gauja, Joseph-Gaston-Philippe, de Foix (Ariége).
Admis le 12 août 1856.
Droit romain, *Essai sur l'usufruit légal du* pater familias; Droit français, *des Père et mère.*

Soulier, Hippolyte, d'Anduze (Gard).
Admis le 16 août 1856.
De la Vocation aux successions ab intestat.

Faculté de droit de Caen.

Godreuil, Constant-Emmanuel, de Honfleur (Calvados).
Admis le 26 mai 1856.
Droit romain, *de la Famille;* Droit français, *Droits des femmes des faillis.*

Dumont de Lalonde, Louis-Charles-Henri, de Vassy (Calvados).
Admis le 5 janvier 1856.
De la Réserve et de la quotité disponible.

Bayeux, Félix-Tosil, de Caen (Calvados).
Admis le 28 janvier 1856.
Du Payement avec subrogation.

Desprez, Louis-Adolphe, de Caen (Calvados).
Admis le 29 avril 1856.
Du Caractère et des effets de l'incapacité de la femme mariée, et de l'autorisation maritale sous le régime de la communauté.

Martin, Ernest-Marie, de Coutances (Manche).
Admis le 3 avril 1856.
Des Donations entre époux.

Théry, Georges-Pierre-Victor, de Versailles (Seine-et-Oise).
Admis le 25 juillet 1856.
De l'Inaliénabilité dotale.

LOISEL, Jules-Antoine, de Mortagne (Orne).
Admis le 30 avril 1856.
De la Séparation de corps.

PELLERIN, Pierre-Albert, de Caen (Calvados).
Admis le 14 août 1856.
De l'Autorité de la chose jugée en matière criminelle.

MANCHON, Félix-Hippolyte, de Caen (Calvados).
Admis le 22 août 1856.
De l'Obligation de garantie du vendeur en cas d'éviction.

GODART, Félix-Constant, de Laon (Aisne).
Admis le 19 août 1856.
De l'Action paulienne.

Faculté de droit de Dijon.

BUFNOIR (1), Claude, d'Autun (Seine-et-Oise).
Admis le 1er juillet 1856.
Études sur le sénatus-consulte Justinianus.

FOUREIX, Michel, d'Argentine-Larochebeaucourt (Dordogne).
Admis le 19 août 1856.
Des Sociétés commerciales.

PINGAT, Joseph-Désiré-Prosper, de Dijon (Côte-d'Or).
Admis le 23 août 1856.
De l'Identité des personnes en matière de chose jugée.

Faculté de droit de Grenoble.

QUINON, Arnaud-Augustin, de Grenoble (Isère).
Admis le 18 avril 1856.
De la Revendication.

FÉVRIER, Félix-François-Casimir, de Grenoble (Isère).
Admis le 13 mars 1856.
Études sur les priviléges.

BARBE, Pierre-Louis-Hippolyte, de Brignolles (Var).
Admis le 16 août 1856.
Des Conditions essentielles des contrats.

---

(1) Agrégé de la Faculté de droit de Paris; nommé le premier au concours ouvert le 2 novembre 1856.

Faculté de droit de Poitiers.

BONNEAU DE BEAUREGARD, Florent-Joseph-Léonce, de Frozes (Vienne).

Admis le 9 mai 1856.

Droit romain, *du Concubinat ;* Droit français, *des Enfants adultérins et incestueux.*

COURBE, Alfred-Barthélemy, de Poitiers (Vienne).

Admis le 16 juin 1856.

Des Bénéfices.

CARRÉ, Victor-Alfred, d'Izeures (Indre-et-Loire).

Amis le 5 juillet 1856.

Droit romain, *de l'Accession ;* Droit français, *du Retour légal.*

ARNAULT-MÉNARDIÈRE, Joseph-Camille, de Loudun (Vienne).

Admis le 5 août 1856.

Droit romain, *de la* Litis contestatio *et de la Contestation en cause ;* Droit français, *du Payement des dettes dans les successions* ab intestat, *testamentaires et contractuelles.*

DU BAHUNO DE LISEVET, Édouard-Victor, de Pontivy, (Napoléonville).

Admis le 14 mars 1856.

De la Solidarité.

Faculté de droit de Rennes.

TORQUAT, Louis-Marie, de Rennes (Ille-et-Vilaine).

Admis le 28 janvier 1856.

Recherches sur les caractères généraux de la séparation des patrimoines dans le droit romain et dans notre ancienne jurisprudence.

OGER DE ROCHER, Évariste-Marie-Michel, de Savenay (Loire-Inférieure).

Admis le 14 mai 1856.

Des Donations entre époux.

Faculté de droit de Toulouse.

DOAT, Henri-Théophile-Laurent-Marie.

Admis le 25 février 1856.

Droit romain, *Du Payement ;* Droit français, *de la Non-rétroactivité des lois.*

MOLINIER, Pierre-Marie-Louis-Adrien, de Villefranche (Haute-Garonne).

Admis le 6 mars 1856.

De la Condition des Femmes.

CHALVET, Paul-Antoine-Charles, de Paris (Seine).

Admis le 8 mai 1856.

Droit romain, *sur l'Action de* in rem verso; Droit français, *des Partages d'ascendants.*

DEGEILH, Étienne-Marie-Albert, de Massat (Ariége).

Admis le 13 août 1856.

Droit romain, *des Vices du consentement dans les contrats;* Droit français, *de la Filiation illégitime.*

DUFAUR, Louis-Jean-Baptiste-Justin-Alban, de Massat (Ariége).

Admis le 13 août 1856.

Droit romain, *des Pactes;* Droit français, *des Principes de l'obligation naturelle.*

Faculté de droit de Strasbourg.

HEPP, Henri-Albert, de Mulhouse

Admis le 10 janvier 1856.

De la Séparation de corps.

DOLFUS, Henri-Albert, de Mulhouse.

Admis le 24 avril 1856.

De la Puissance paternelle considérée spécialement dans les attributs sur les biens des enfants.

CAILLOT, René, de Strasbourg (Bas-Rhin).

Admis le 16 août 1856.

Droit romain, *de Donationibus inter virum et uxorem ;* Droit français, *des Priviléges du trésor public et des différentes administrations et régies financières.*

RUYER, Léon-Jean-Baptiste, de Saint-Dié (Vosges).

Admis le 23 août 1856.

Droit romain, *du Prêt à intérêt;* Droit français, *de la Transcription en matière hypothécaire.*

FRITSCH, dit Lang, François-Pierre-Gustave, de Belfort (Haut-Rhin).

Admis le 18 août 1856.

Droit romain, *de l'Échange;* Droit français, *de la Propriété littéraire.*

COLLE, Marie-Arthur, de Sarrebourg (Meurthe).

Admis le 21 août 1856.

Droit romain, *de la Cession des créances;* Droit français, *des Substitutions.*

GUNZERT, Guillaume, de Wissembourg (Bas-Rhin).

Admis le 4 décembre 1856.

Droit romain, *de Legitima*; Droit français, *de la Séparation de biens judiciaire.*

ROLLAND, Armand-Louis-Honoré, de Lille (Nord).

Admis le 30 décembre 1856.

Du Bénéfice d'inventaire.

TABLE ALPHABÉTIQUE

ET RAISONNÉE

DES THÈSES SOUTENUES DANS LES NEUF FACULTÉS DE DROIT DE L'EMPIRE.

DU 1er JANVIER 1851 AU 31 DÉCEMBRE 1857 (1).

A.

---

(1) Voir la note de la page 119 pour les dissertations latines.

B.

C.

D.

E.

F.

J.

L.

M.

N.

O.

P.

Q.

R.

T.

U.

V.

TABLE ALPHABÉTIQUE

DES NOMS DES DOCTEURS.

A

B

D

H

N

O

P

V

TABLE GÉNÉRALE.

Paris, typographie MAULDE et RENOU, rue de Rivoli, 144. 6004

www.ingramcontent.com/pod-product-compliance
Ingram Content Group UK Ltd.
Pitfield, Milton Keynes, MK11 3LW, UK
UKHW020545180726
13838UKWH00001B/40